Unsere
ERDE

Inhaltsverzeichnis

Unsere Erde

Unsere Erde ist eine Reise wert! Sie ist zwar nur ein Winzling im Weltall, aber dir erscheint sie sicher riesengroß und es gibt unendlich viel Spannendes und Unbekanntes zu entdecken und Fragen zu klären. Wie ist denn nun eigentlich…? Wo gibt es…? Was ist bloß…? Damit keine Fragen offenbleiben, schaust du am besten ins Buch.

Du startest deine Reise im Weltall. Vielleicht hast du dich schon mal gefragt, was denn eigentlich Kometen oder Meteoriten sind. Oder du machst dich über schwarze Löcher schlau. Sammle einfach Wissen ein. Damit kannst du in der Schule zeigen, was du schon weißt, oder du bringst andere mit deinem Wissen zum Staunen.

Dann geht deine Reise in die Tiefen der Erde – es wird heiß und wackelig. Anschließend forschst du „oben" weiter. Die Meere und die Erscheinungen am Himmel über uns dürfen natürlich auch nicht fehlen. Die Reise rund um den Erdball führt dich in extreme Gebiete unserer Erde, wo es total heiß oder trocken oder kalt ist. Und du erfährst, wie unterschiedlich die Menschen auf der Erde leben.

Am besten verstehst du Zusammenhänge, wenn du etwas selbst ausprobieren kannst. Deshalb findest du auf vielen Seiten Experimente. Führe sie durch, dann geht dir ein Licht auf! Die vielen Grafiken und Fotos zeigen dir auf einen Blick Wesentliches.

Nun gute Reise und viel Spaß!

Unsere Erde im Weltall

Ein Winzling im All

Komm mit auf eine spannende Entdeckungsreise. „Unsere Erde" wartet auf dich! Du wirst viele Antworten auf deine Fragen finden. Starte deine Reise als Weltraumfahrer. Von oben sieht die Erde klein aus. Sie ist nur ein winziges Teilchen in den unendlichen Weiten des Universums. Dieses Wort kommt aus dem Lateinischen „universus" und bedeutet so viel wie „gesamt". Zum Universum gehört alles: die unendliche Weite, Sterne, Planeten, Asteroiden, Kometen … Man spricht auch von Weltraum oder Weltall oder ganz kurz „All".

Unsere Sonne

Die Sonne ist der Mittelpunkt unseres Sonnensystems und ein selbst leuchtender Stern. An der Oberfläche herrschen Temperaturen von etwa 6.000°C. Ihr Inneres ist wie ein riesiges Atomkraftwerk, das ungeheure Energie liefert. Wir verdanken es dem Licht und der Wärme der Sonne, dass Leben auf der Erde möglich ist. Unsere Erde hat genau die richtige Entfernung zur Sonne. Wären wir ihr zu nah, würden wir verbrennen. Wären wir zu weit entfernt, wäre es zu kalt und kein Leben möglich.

Von Sternen und Galaxien

In klaren Nächten kannst du am Himmel die Sterne bewundern. Das sind Himmelskörper, die selbst leuchten. Viele Sterne schweben in Gruppen durch das Universum. Solche Sternengruppen nennt man Galaxien. Unsere Heimatgalaxie ist die Milchstraße. Stell sie dir wie eine Scheibe vor, an der die Sterne wie leuchtende Bänder spiralförmig angeordnet sind. Zu einem dieser Sternenbänder gehört unsere Sonne. Sie ist nichts anderes als einer von vielen Sternen der Milchstraße.

Manche Planeten haben viele Monde, unsere Erde hat nur einen. Die Anfangsbuchstaben der Planeten sind in diesem Spruch versteckt: Mein Vater erklärt mir jeden Sonntag unseren Nachthimmel.

Um unsere Sonne kreisen acht Planeten. Das sind Himmelskörper, die nicht selbst leuchten, sondern ihr Licht von einem Stern erhalten. Unser Planet Erde erhält sein Licht von „seinem Stern", der Sonne. Unsere Erde ist etwa 149,5 Millionen Kilometer von der Sonne entfernt. Wenn ein Fußgänger im Universum diese Entfernung zurücklegen wollte, müsste er bei fünf Kilometer in der Stunde etwa 3.500 Jahre lang Tag und Nacht ununterbrochen gehen.

Um einige Planeten kreisen Monde. Auch sie erhalten ihr Licht von der Sonne. Die Sonne mit all ihren Begleitern nennt man Sonnensystem. Dazu gehören auch Kleinkörper wie z.B. Kometen oder Asteroiden.

Das Sonnensystem
Acht Planeten kreisen um die Sonne

Merkur
Jupiter
Uranus
Venus
Sonne
Saturn
Neptun
Mars
Unsere Erde

?

Was ist der Unterschied zwischen Asteroid, Meteorit und Komet?
Asteroiden sind Gesteinsbrocken, die sich wie die Erde um die Sonne bewegen. Die größten Asteroiden nennt man auch „Kleinplaneten". Zwischen Mars und Jupiter gibt es viele Asteroiden in einem sogenannten Asteroidengürtel. Kometen, auch „Schweifsterne" oder „schmutzige Schneebälle" genannt, sind riesige Brocken aus Staub und Eis, die durchs Weltall rasen. Nähern sie sich der Sonne, wird der Schweif sichtbar. Meteoriten sind winzige Gesteinsbrocken, die auf die Erdoberfläche stürzen. Verglühen sie schon in der Erdatmosphäre, heißen sie Sternschnuppen. Siehst du eine, vergiss nicht, dir etwas zu wünschen!

Meteorit

Großer Asteroid

Komet am Himmel

PROBIER AUS

… warum man den Mond mal „voll", „halb" oder als Sichel sieht:

Halte einen Ball, den „Mond", mit einer Hand weit ausgestreckt von dir. Drehe dich in einem dunklen Zimmer mit dem Mond vor einer Lampe, der „Sonne": Bei Vollmond scheint die Sonne direkt auf den Mond. Wird er nur von der Seite beschienen, sieht er wie eine Sichel aus. Fällt gar kein Licht auf ihn, kann man ihn nicht sehen. Dann ist Neumond. Du merkst, der Mond in deiner Hand behält immer die gleiche Größe, nimmt gar nicht ab oder zu. Er bekommt nur unterschiedlich Licht von der Sonne. Man nennt das Mondphasen.

Immer in Bewegung: Tag, Nacht, Jahreszeiten

Unsere Erde steht nicht still im Weltall. Sie dreht sich in 24 Stunden einmal um sich selbst. Die gedachte Linie, um die sie sich dreht, heißt Erdachse. Sie verläuft vom Nordpol zum Südpol. Die Erde dreht sich von Westen nach Osten. Von all dem Drehen wird dir nicht schlecht, weil sich alles um uns herum mit bewegt.

Unsere Erde aus dem Weltraum betrachtet: Die von der Sonne beleuchtete Erdhälfte hat Tag.

? Wie entstehen Tag und Nacht?

Weil die Erde sich dreht, bekommt mal die eine, mal die andere Seite Licht von der Sonne. Die Seite, die der Sonne zugewandt ist, hat Tag. Die Seite, die der Sonne abgewandt ist, hat Nacht. Wir meinen, die Sonne bewegt sich, geht auf oder unter. In Wirklichkeit steht sie aber ganz still im Weltall und die Erde und der Mond bewegen sich. Der Mond bekommt sein Licht auch von der Sonne. Er dreht sich um sich selbst und umkreist die Erde in ungefähr 29 ½ Tagen. Das ist fast ein Monat. Du siehst, der Name Monat kommt von „Mond".

Die vier Jahreszeiten: Frühling, Sommer Herbst, und Winter

Im Laufe eines Jahres wandert die Erde auf einer fast kreisförmigen Bahn einmal um die Sonne. Das dauert 365 Tage und etwa sechs Stunden. Weil die Erdachse leicht geneigt ist, ist entweder die Nordhalbkugel oder die Südhalbkugel näher an der Sonne und bekommt mehr Wärme und Licht ab. So entstehen die Jahreszeiten. Ist auf der Nordhalbkugel Sommer, ist gleichzeitig auf der Südhalbkugel Winter. Also alles „umgekehrt"! Und das nur, weil wir ein bisschen schräg im Weltraum stehen! Ohne diese Neigung hätten wir das ganze Jahr hindurch ungefähr die gleichen Temperaturen.

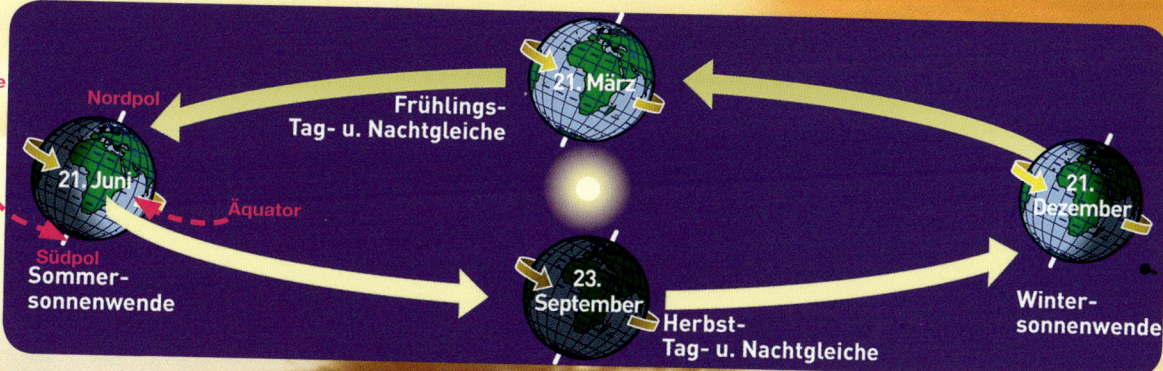

Erdachse

Nordpol

21. März

Frühlings-Tag- u. Nachtgleiche

21. Juni

Äquator

Südpol
Sommer-sonnenwende

23. September

Herbst-Tag- u. Nachtgleiche

21. Dezember

Winter-sonnenwende

Im Osten geht die Sonne auf, im Süden ist ihr Mittagslauf, im Westen will sie untergehen, im Norden ist sie nie zu sehen.

? Was ist ein Schaltjahr?

Alle vier Jahre – bis auf wenige Ausnahmen – hat der Februar einen Tag mehr. Dann haben wir ein Schaltjahr. Das ist nötig, um die Zeitrechnung des Menschen wieder mit der Natur in Gleichtakt zu bringen. Denn die Erde braucht ja etwas mehr als 365 Tage, um sich einmal um die Sonne zu drehen. Deshalb führte man den „Schalttag" ein. Das Jahr zu Beginn eines Jahrtausends ist immer ein Schaltjahr. Das Jahr zu Beginn eines Jahrhunderts ist kein Schaltjahr.

Beginn der Jahreszeiten auf der Nordhalbkugel

Frühling	Sommer	Herbst	Winter
21.3.	21.6.	23.9.	21.12.

Beginn der Jahreszeiten auf der Südhalbkugel

Herbst	Winter	Frühling	Sommer
21.3.	21.6.	23.9.	21.12.

Yin und Yang

Big Bang und schwarze Löcher

Niemand war dabei, als das Weltall entstand. Aber zu allen Zeiten hatten die Menschen Vorstellungen, was passiert sein könnte. Ein Beispiel dafür ist die Schöpfungsgeschichte im Christentum. Die Ureinwohner Australiens, die Aborigines, dagegen glauben, dass der Himmel schon immer da war und der große weise Altjira dort sein Lager hatte. Auch die Erde war schon immer da, allerdings mit Salzwasser bedeckt. Altjira schuf die Menschen. Im Traum können die Menschen mit ihm reden.

Im chinesischen Glauben spielten Yin und Yang eine große Rolle. Sie sind die Eckpfeiler des chinesischen Universums.

Im Koran schuf Allah zuerst die Himmelskörper und trennte danach die Nacht vom Tag. Dann kamen Wasser, Pflanzen und Tiere.

Lake Eyre, Australiens größter Salzsee

? Wo glaubt man an Sonnengötter?

In fast allen Kulturen spielte die Sonne eine wichtige Rolle. Bei den Azteken, Mayas, Inkas, Ägyptern oder Griechen gab es Sonnengottheiten. Im Shintu Glauben der Japaner ist die Sonnengöttin Amaterasu, das bedeutet die am Himmel Leuchtende, die mächtigste Göttin Japans. Sie kann Krankheiten heilen und mit ihrem Licht Dämonen vertreiben, Leben spenden, aber auch zerstören. Bei den alten Ägyptern hieß der Sonnengott „Re" oder „Ra" – das heißt „Sonne". Er war der Erhalter und Beherrscher der geschaffenen Welt. Er wurde in Menschengestalt mit einem Falkenkopf dargestellt, über dem die Sonnenscheibe schwebte.

Natürlich haben auch heutige Wissenschaftler eine Theorie von der Entstehung des Weltalls. Vor ungefähr 15 Milliarden Jahren soll der berühmte Big Bang stattgefunden haben. Das ist Englisch und bedeutet Urknall. Eine winzige Feuerkugel, tausendmal kleiner als ein Stecknadelkopf, aber extrem hell und heiß, explodierte bei diesem Big Bang. Sie enthielt alle Stoffe, aus denen die Himmelskörper bestehen. Wie bei einer Feuerwerksrakete wurden die Teilchen in alle Richtungen auseinander geschleudert. Eine riesige Gaswolke entstand, blies sich wie ein Luftballon auf. In Milliarden von Jahren bildeten sich aus der Gaswolke runde Scheiben, die Spiralnebel oder Galaxien. Sie drehten sich um sich selbst, zogen sich immer weiter zusammen. Schließlich formten sich im Inneren heiße, helle Gebilde, die Sterne. Unsere Sonne ist einer dieser Sterne.

Schwarze Löcher im Weltall

Astronomen haben schwarze Löcher entdeckt, die merkwürdigsten Objekte im Universum. Schwarze Löcher entstehen, wenn das Leben eines etwa zehnmal schwereren Sterns als die Sonne in einer sogenannten Supernova-Explosion endet. Vom Stern bleibt ein Gebilde mit einem Durchmesser von nur wenigen Kilometern übrig. Ein schwarzes Loch hat keine Oberfläche wie ein Planet oder Stern. Es ist ein Gebiet im Weltraum, wo sich eine ungeheure Menge Masse auf einem winzigen Raum zusammen ballt. Es hat eine extrem starke Anziehungskraft und saugt alles wie ein Stabsauger auf, sogar das Licht.

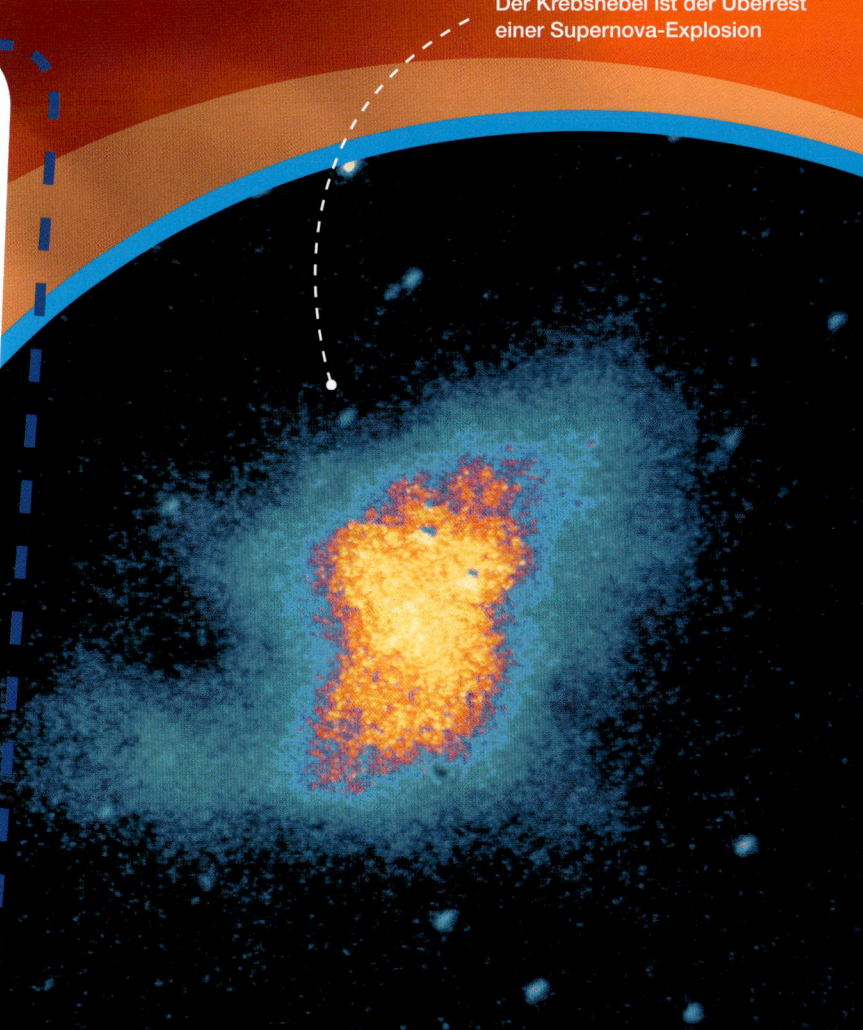

Der Krebsnebel ist der Überrest einer Supernova-Explosion

? Wo wächst Pfeffer?

Pfeffer war eines der kostbarsten Gewürze in Europa, so kostbar wie Gold. Leider wuchs er in einem fernen Land, in Indien. Der Transport über Land auf der berühmten Seidenstraße dauerte lange, war gefährlich und teuer. Wer mit Pfeffer handelte, war ein reicher Mann, ein „Pfeffersack". Auch andere Gewürze und kostbare Seide kamen aus Indien. Kein Wunder, dass europäische Herrscher einen Seeweg nach Indien haben wollten. Deshalb gaben sie berühmten Seeleuten den Auftrag für Entdeckungsreisen.

Entdecker auf Tour

Möchtest du mal mit einer Zeitmaschine unterwegs sein? Reise in die Vergangenheit, als unsere Erde noch zu großen Teilen unentdeckt war! Sie wurde erst nach und nach entdeckt. Was wir heute kennen und können, davon konnten die Entdecker nur träumen.

Der Venezianer Marco Polo unternahm 1271 als Siebzehnjähriger zusammen mit seinem Onkel Entdeckungsreisen ins ferne China. Sie wollten Handelswege auf dem Landweg erkunden. Erst 1295 kehrte Marco Polo mit abenteuerlichen Erzählungen über das ferne Asien zurück nach Venedig.

Amerika: die Wikinger, Christoph Kolumbus und Amerigo Vespucci

Auf der Suche nach einem Seeweg nach Indien entdeckte Kolumbus 1492 Amerika. Der Kontinent war damals noch gar nicht bekannt. Erst ein anderer berühmter Seefahrer, Amerigo Vespucci, fand zwischen 1499 und 1504 heraus, dass Kolumbus einen neuen Kontinent entdeckt hatte. Er erhielt seinen Namen nach ihm: Amerika. Heute weiß man, dass die Wikinger schon vor Kolumbus in Amerika waren.

EUROPE ASIA

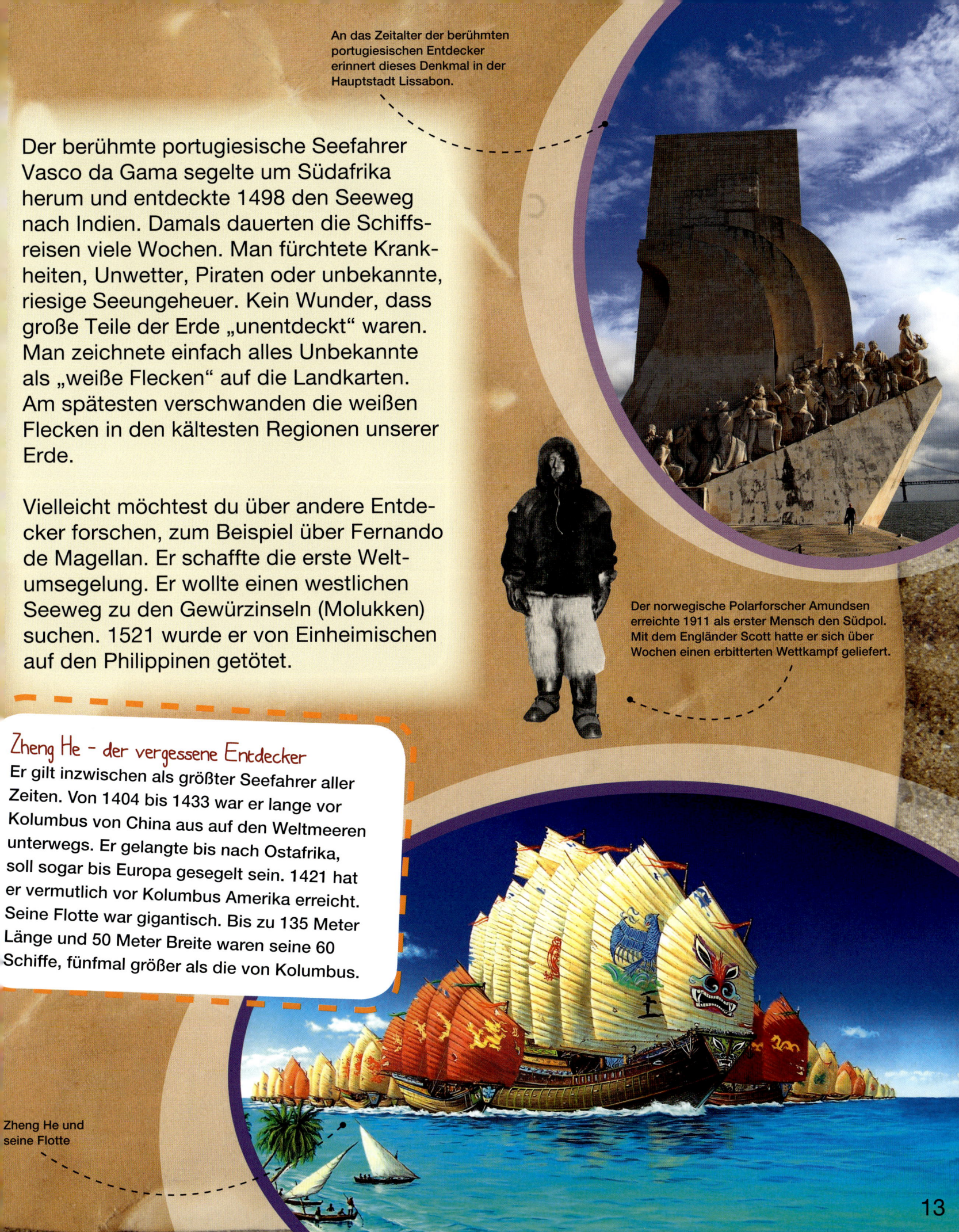

An das Zeitalter der berühmten portugiesischen Entdecker erinnert dieses Denkmal in der Hauptstadt Lissabon.

Der berühmte portugiesische Seefahrer Vasco da Gama segelte um Südafrika herum und entdeckte 1498 den Seeweg nach Indien. Damals dauerten die Schiffsreisen viele Wochen. Man fürchtete Krankheiten, Unwetter, Piraten oder unbekannte, riesige Seeungeheuer. Kein Wunder, dass große Teile der Erde „unentdeckt" waren. Man zeichnete einfach alles Unbekannte als „weiße Flecken" auf die Landkarten. Am spätesten verschwanden die weißen Flecken in den kältesten Regionen unserer Erde.

Vielleicht möchtest du über andere Entdecker forschen, zum Beispiel über Fernando de Magellan. Er schaffte die erste Weltumsegelung. Er wollte einen westlichen Seeweg zu den Gewürzinseln (Molukken) suchen. 1521 wurde er von Einheimischen auf den Philippinen getötet.

Der norwegische Polarforscher Amundsen erreichte 1911 als erster Mensch den Südpol. Mit dem Engländer Scott hatte er sich über Wochen einen erbitterten Wettkampf geliefert.

Zheng He – der vergessene Entdecker

Er gilt inzwischen als größter Seefahrer aller Zeiten. Von 1404 bis 1433 war er lange vor Kolumbus von China aus auf den Weltmeeren unterwegs. Er gelangte bis nach Ostafrika, soll sogar bis Europa gesegelt sein. 1421 hat er vermutlich vor Kolumbus Amerika erreicht. Seine Flotte war gigantisch. Bis zu 135 Meter Länge und 50 Meter Breite waren seine 60 Schiffe, fünfmal größer als die von Kolumbus.

Zheng He und seine Flotte

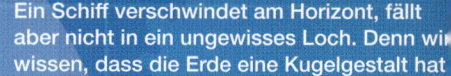
Ein Schiff verschwindet am Horizont, fällt
aber nicht in ein ungewisses Loch. Denn wir
wissen, dass die Erde eine Kugelgestalt hat

Ein Modell von der Erde

Vor mehr als 500 Jahren stellte man sich die Erde als eine flache Scheibe vor: Darauf lagen die Kontinente Asien, Europa, Afrika – um sie herum riesige Meere. Über allem wölbte sich der Himmel mit den Sternen und der Sonne. Kam man an den Rand der Scheibe, fiel man in den unbekannten Abgrund. Kein Wunder, dass sich die Seefahrer nicht trauten, weit entfernt von den sicheren Küsten zu segeln. Heute wissen wir, dass die Erde fast eine Kugelgestalt hat. Nur an den Polen ist sie etwas abgeflacht. Wir purzeln nicht herunter. Das verhindert die Anziehungskraft der Erde. Du kennst das, wenn dir etwas aus der Hand fällt: Die Anziehungskraft zieht es automatisch nach unten.

Damit wir uns den riesigen Erdball besser vorstellen können, hat man ein Modell von der Erde geschaffen, den Globus. Darauf kannst du die Kontinente, das sind die großen zusammenhängenden Festlandmassen, und Ozeane, also die großen Weltmeere, erkennen. Du siehst ihre Größe und ihre Lage zueinander.

! Die Flächen der Kontinente und Ozeane

Kontinent in Mio. km²		Ozean in Mio. km²	
Asien	44	Pazifischer Ozean	180
Afrika	30	Atlantischer Ozean	106
Nordamerika	24	Indischer Ozean	75
Südamerika	18		
Antarktis	14		
Europa	10		
Australien	8		

? Wie wurde der berühmte „Erdapfel" hergestellt?

Der Nürnberger Martin Behaim schuf den ältesten noch erhaltenen Globus. Man tränkte Leinen mit Leim und verkleidete damit eine Lehmkugel. Nach dem Trocknen schnitt man die Kugel in zwei Hälften, entfernte den Lehmkern, fügte die Hälften wieder zusammen und leimte einige Schichten Papier darauf. Darüber kamen acht zusammengenähte Lederteile. Eine weitere Papierschicht bildete den Abschluss. Sie wurde bemalt – natürlich ohne Amerika, das ja noch nicht entdeckt war.

1912: Die berühmte Titanic, ein schwimmendes Luxushotel und ein Wunderwerk der Technik, rammte auf der Jungfernfahrt vom englischen Southampton nach New York einen Eisberg. Der Notruf mit der genauen Position des Schiffes rief Schiffe, die in der Nähe waren, zu Hilfe. Nur die Leute in den Rettungsbooten konnten gerettet werden. 1517 Menschen fanden im eiskalten Wasser den Tod.

Du fragst dich sicher, wie man eigentlich in den Weiten des Ozeans die genaue Position angeben kann? Dafür braucht man das Gradnetz der Erde.

Das Gradnetz der Erde

Stell dir vor, du wirfst ein Netz über die Erdkugel. Auf dem Globus siehst du die „Fäden" des Netzes wie ein Gitternetz. Es besteht aus waagerechten Linien, den Breitenkreisen, und aus senkrechten Linien, den Längenhalbkreisen. Der Breitenkreis an der dicksten Stelle des Globus, an seinem „Bauch", nennt man Äquator. Er teilt die Erde in eine Nordhalbkugel und in eine Südhalbkugel.

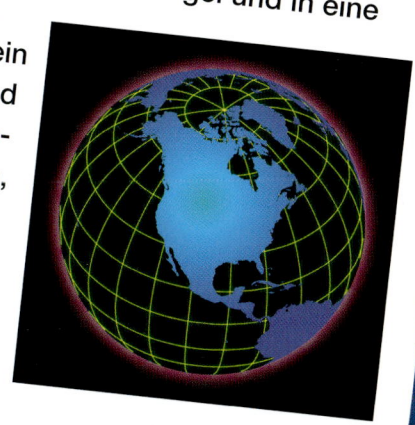

Dort, wo sich ein Breitenkreis und ein Längenhalbkreis schneiden, kannst du die Position genau bestimmen. Sie wird in Grad angegeben.

Was ist Google Earth?

Davon konnten Entdecker vergangener Zeiten nur träumen. Mit der Software Google Earth kannst du auf einem PC Entdeckungsreisen machen. Das Programm zaubert dir einen virtuellen, dreidimensionalen Globus auf den Bildschirm. Virtuell bedeutet, etwas ist nicht wirklich vorhanden, sieht aber aus wie die Wirklichkeit. Du kannst auf diesem Globus zu einem entlegenen Ort, in Riesenstädte oder zu deiner Schule fliegen, dich ganz nah heranzoomen oder alles aus der Ferne betrachten. Du kannst Routen planen und dir viele Informationen besorgen. Google Earth kann auch als Katastrophenhelfer im Einsatz sein und bei Erdbeben oder Überschwemmungen bei der Suche nach Überlebenden helfen.

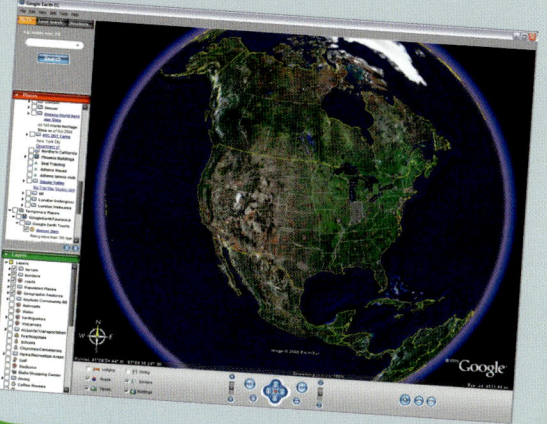

Die sinkende Titanic

Auf dieser Weltkarte siehst du die Orte vulkanischer Aktivität.

Nur der Turm der Dorfkirche ragt aus den erstarrten Lavamassen des Paricutin heraus.

PROBIER AUS
... wie man einen Vulkan baut

Forme aus Knete einen kleinen Vulkan mit einer Vertiefung als Krater. Fülle in die Vertiefung eine Mischung zu gleichen Teilen aus Zitronensäure und Backpulver. Gib darauf einige Tropfen Spülmittel und rote Lebensmittelfarbe. Spritze tropfenweise Wasser darauf. Und schon tritt roter Schaum, die „Lava", aus dem „Krater" und fließt am Vulkankegel herunter.

Heiße und unruhige Erde

Wenn die Erde Feuer spuckt

1943, Mexiko: Da staunte der Bauer Dionisio Pulido nicht schlecht, als sich auf seinem Feld beim Pflügen ein ekliger schwefliger Gestank verbreitete. Rauch stieg auf. Steine und Asche wurden in die Luft geschleudert. Die Hölle schien ausgebrochen zu sein! Am nächsten Tag hatte sich bereits ein zehn Meter hoher Hügel gebildet, nach einem Jahr war er 356 Meter hoch. Ein Vulkan war geboren, der Paricutin! Seinen Namen bekam er nach dem Dorf, das er allerdings ganz unter Ascheregen und Lavaströmen begrub. Zum Glück waren die Bewohner rechtzeitig geflüchtet.

1952 stellte der Vulkan seine Aktivität ein, seither kam es zu keinen weiteren Eruptionen, also Ausbrüchen.

Ursache für Vulkanismus und Erdbeben

Die Gesteinshülle unserer Erde besteht aus riesigen Platten, die die Kontinente tragen. Die Platten sind immer in Bewegung, allerdings so langsam, dass du das nicht spürst. Sie stoßen auch schon mal zusammen oder rutschen aneinander vorbei. Die Plattenränder sind also echte Schwachstellen. Hier sucht sich aus den Tiefen der Erde glutflüssige, heiße Gesteinsschmelze, das Magma, seinen Weg nach oben. Vulkane entstehen. Da bleibt die Erdkruste natürlich nicht ruhig, es kommt auch zu heftigen Erdbeben.

Suchst du den „Leuchtturm des Mittelmeeres"? Dann schau nicht nach einem Gebäude, sondern nach einem Vulkan nördlich von Sizilien, dem Stromboli. In halbstündigem Abstand fliegen hier regelmäßig glühende Lavafetzen in die Luft. Und das seit mehr als 2.000 Jahren! Denn im Erdinneren sammelt sich in Magmakammern Magma. Wird der Druck zu stark, will das zähflüssige Magma nach oben entweichen. Eine gewaltige Explosion sprengt den Schlot frei. Gas, Asche und kleinere verfestigte Lavastückchen werden aus dem Krater geschleudert. So heißt die Öffnung am Ende des Schlotes. Solche „Explosionen" kann man mit einer Sprudelflasche vergleichen, die man vor dem Öffnen geschüttelt hat. Sei nicht waghalsig und halt dich in sicherer Entfernung!

Wie kommt der Vulkan zu seinem Namen?

Wenn Vulcanus, der römische Gott des Feuers, in seiner Werkstatt unter dem Berg auf der Insel Vulcano nördlich von Sizilien herumtobt, wackelt die Erde und Funken sprühen. Glühende Steine und Feuer werden aus dem Rauchabzug der unterirdischen Schmiede geschleudert. Der Rauchabzug dieser unterirdischen Feuerstelle ist aber nichts anderes als der Vulkanberg mit seinem Schlot. Die Hammerschläge des zornigen Gottes sind die Erdstöße. Vielleicht liegt die Werkstatt auch unter dem Ätna.

1 Aschewolke
2 Krater
3 Steinbrocken
4 Heiße Lava
5 Asche
6 Erkaltete Lava
7 Ascheregen
8 Magma
9 Erdkruste
10 Schlot

Was ist ein Schichtvulkan?

Welche Form ein Vulkan hat, hängt vom Material ab, das er fördert. Wenn Magma an die Erdoberfläche tritt, spricht man von Lava. Manche Vulkane schleudern erst Asche und Gesteinsbrocken, dann zähflüssige Lava aus. Es bilden sich Schichten. Daher kommt der Name Schichtvulkan. Er hat die typische Kegelform.

Gläserne Lavafäden –
wie das Haar der Vulkan-
göttin Pele, die im Krater
des Kilauea wohnen soll.

Hawaii und „heiße Flecken"

Was wäre Hawaii ohne Hula-Mädchen, Blumenketten und Palmen, aber vor allem ohne Vulkane? Die sind berühmt und Touristen können aus sicherer Entfernung zusehen, wie glühende Lava austritt. Zum Glück sind die Schildvulkane auf Hawaii nicht besonders „explosiv". Allein auf der Hauptinsel gibt es fünf. Einer der aktivsten Vulkane der Erde, der Kilauea, liegt auf der Insel Big Island. Seit etwa 30 Jahren läuft immer irgendwo Lava heraus. Er macht seinem Namen alle Ehre. Der bedeutet „spucken". Weil die Lava recht flüssig ist, verstopft sie auch nicht den Schlot oder die Spalten und es gibt keine großen Explosionen.

? Was ist ein Schildvulkan?
Der Vulkantyp wird nach seiner Form benannt. Sie ist wie ein Schild aufgewölbt. Das dünnflüssige Material fließt schnell, die Lava verteilt sich nicht in die Höhe, sondern in die Breite.

Rekord

Auf Hawaii liegt der größte aktive Vulkan auf der Erde, der Schildvulkan Mauna Loa, das heißt „langer Berg". Er ragt knapp 4.140 Meter über dem Meeresspiegel auf. Da Hawaii eine Insel ist, misst man den Vulkan vom Ozeangrund. Das Meer ist dort 5.000 Meter tief, so dass der Mauna Loa insgesamt über 9.000 Meter erreicht. Damit ist er höher als der Mt. Everest, der höchste Berg der Erde.

Aber wie kann es auf Hawaii Vulkane geben? Die Inseln liegen doch nicht an Plattenrändern, wo sich Vulkanismus häuft. Mitten auf einer Platte sollte man sich eigentlich sicher fühlen können. Nicht unbedingt! Den besten Beweis liefern die Hawaii Inseln. Die verdanken eindeutig dem Vulkanismus ihre Entstehung. Die Ursache liegt in „Heißen Flecken", die haben's in sich!

? Was ist ein Hot Spot?
Mitten auf den Platten gibt es dünnere Stellen. Hier kann das heiße Magma leicht nach oben steigen und die Kruste durchbrechen. Deshalb spricht man von Hot Spot. Das heißt „heißer Flecken". Über ihm wächst ein Vulkan.

März 2011: Vulkan Kilauea spuckt glühende Lava

Der Kilauea schleudert tonnenweise mehr als 1.000 °C heiße Lava in mehr als 20 Meter hohen Fontänen in die Luft. Geologen stellen eine verstärkte Aktivität der Erdschichten fest. Aus dem Kilauea läuft zwar immer irgendwo Lava heraus, aber dieses Mal kommen gewaltige Ströme.

Hawaiis Vulkane aus der Luft

Der Fudschijama, das Wahrzeichen Japans, ist mit 3.776 Metern der höchste Berg Japans. Zuletzt ist er 1707 ausgebrochen.

Was die Erde zum Wackeln bringt

Der riesige Katzenfisch Namazu lebt tief in der Erde. Wenn Menschen über ihm Böses tun, schlägt er zur Strafe mit seinem massigen Körper um sich. Und schon bebt die Erde so heftig, dass sogar an einigen Stellen feuriger Gesteinsbrei an die Oberfläche dringt und Tod und Verwüstung bringt.

So einfach lässt sich die unruhige Erde im Volksglauben der Japaner erklären. Gott Kashima möchte die Menschen vor diesem Wüstling schützen. Deshalb drückt er einen Felsen, der magische Kräfte hat, auf das mächtige Untier. Doch auch ein Gott braucht mal Ruhe. Immer wenn Kashima schläft, tobt Namazu sich aus. Die Wissenschaft hat natürlich eine andere Erklärung für die zahlreichen Vulkane, Erdbeben und Tsunamis.

? Wo liegt der „Feuerring"?

Japan zählt zu den am meisten gefährdeten Regionen der Welt. Es gehört zum Feuerring, dem Vulkangürtel, der den Pazifischen Ozean umgibt. Drei Erdplatten treffen im Bereich der japanischen Inseln aufeinander. Die Plattenränder sind nicht glatt. Wenn sie aneinander vorbei rutschen, verhaken sie sich. Wird die Spannung zu groß, lösen sich die Platten wieder mit kräftigem Ruck. Das spürt man als Erdbeben. Die Erde wackelt und spuckt Feuer. Die meisten Erdbeben entstehen an Plattenrändern.

Ein Katzenfisch (Wels) kann über zwei Meter lang und bis zu 80 Jahre alt werden. Er besitzt auf seiner Haut elektrosensorische Organe. Damit kann er kleinste Störungen wahrnehmen. Er ändert dann sein Verhalten. Katzenfische werden für die Erdbebenvorwarnung eingesetzt.

Erdbebenschäden

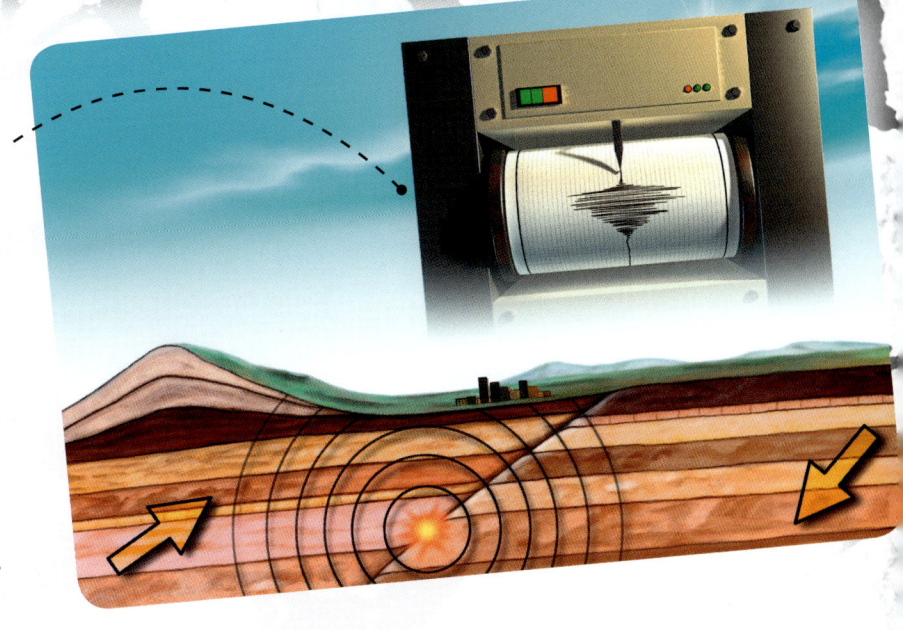
Seismograph

Die Stärke der Erdbeben misst man mit dem Seismographen. Er zeichnet die Wellen auf, die bei Erdbeben entstehen. Dazu ist eine Kugel an einer Feder aufgehängt. Wenn die Erde bebt, verharrt die Kugel an ihrem Platz, während sich um sie herum alles bewegt. Der Stift, der an der Kugel befestigt ist, zeichnet auf einem Papierstreifen die Bewegungen auf. Heute benutzen die Wissenschaftler moderne Seismographen mit komplizierter elektronischer Technik. Schließlich schaut man ja auch mit modernen Teleskopen ins Weltall und nicht mehr mit einem einfachen Fernrohr. Die Stärke von Beben gibt man mit Werten von Null bis nach oben offen an.

Die Japaner leben mit der allgegenwärtigen Gefahr, stecken aber viel Geld in die Forschung für Erdbebenvorhersagen.

? Wie schützt man sich?
Modernste Geräte helfen bei der Erdbebenvorhersage. Man sollte auch Warnzeichen aus der Natur ernst nehmen: Bäche versiegen plötzlich, Quellen treten neu auf und Wasserstände in Brunnen verändern sich. Tiere werden vor Erdbeben unruhig. Man baut Häuser so, dass sie bei Schwankungen mitschwingen und nicht zusammenbrechen.

Was ist ein Epizentrum?

Epizentrum: griechisch epi „auf, über" und kentron „Zentrum". Das Gebiet, das sich senkrecht über dem Erdbebenherd befindet, nennt man Epizentrum. Von hier breiten sich Erdbebenwellen ringförmig aus. Wirf einen Stein ins Wasser. Dann breiten sich auch ringförmige Wellen aus. Je näher am Epizentrum, desto stärker sind die Erschütterungen, je weiter entfernt, desto schwächer. Ein Erdbeben kommt selten allein. Nach einem größeren Beben erschüttern häufig kleinere das Gebiet.

Erdbebenübungen gehören zum Schulalltag! Bei Erschütterungen soll man sofort Schutz unter einem Tisch oder Türrahmen suchen, um sich vor herabfallenden Gegenständen zu schützen.

Was Steine erzählen

Funkelnde, spitze, eckige, runde, geheimnisvolle Steine! Sie könnten dir Geschichten über die Vergangenheit unserer Erde erzählen. Steine sind keineswegs „tot".

Einige Mineralien in der Erdkruste fallen auf, weil sie besonders schöne Farben oder Formen haben. Diese Edelsteine haben sich im Laufe von Millionen von Jahren gebildet. Hohe Temperaturen und starker Druck sind für ihre Entstehung verantwortlich.

Man kann sie zu Schmucksteinen verarbeiten. Die meisten Edelsteine sind selten und daher teuer und wertvoll. Manche erkennst du gar nicht als etwas Besonderes, weil sie erst geschliffen und poliert werden müssen, ehe sie so richtig funkeln.

? Was sind Mineralien?

Die Bestandteile, aus denen Gesteine bestehen, nennt man Mineralien. Betrachte einen Stein unter der Lupe. Dann erkennst du die unterschiedlichen Bestandteile, aus denen er zusammengesetzt ist. Quarz ist das Mineral, das am häufigsten auf der Erde vorkommt. Erze nennt man Mineralien, die Metalle enthalten. Aus Eisenerz stellt man Stahl her.

PROBIER ES AUS

Zerkleinere unterschiedliche Steine mit einem Mörser. Du merkst, dass einige härter sind als andere. Du erkennst unterschiedlich viele Mineralien. Du kannst auch „Gesteinsbrei" in einem Topf erhitzen und beobachten, wie und ob er beim Erkalten Kristalle bildet.

Kronjuwelen! Juwelen sind geschliffene Edelsteine.

Diese kleine Stück Eisenerz aus Kirkenes enthällt so viel Eisen (60%), dass der Stein am Magneten hängen bleibt.

Hast du am Strand schon mal einen Hühnergott gefunden? Das ist ein Feuerstein mit einem Loch in der Mitte. Feuersteine haben Hohlräume mit winzigen Kristallen darin. Die Brandung des Meeres hat sie ausgewaschen.

Gesteine und Mineralien waren immer sehr wichtig für das Leben der Menschen. Die Urmenschen benutzten Feuersteine, um Feuer zu machen, zu kochen und Werkzeuge herzustellen. Feuersteine erkennst du an ihrer schwarzen Farbe. Die Steine waren so wichtig, dass sie diesem Zeitalter ihren Namen gaben: die Steinzeit.

Drei Gesteinsgruppen

Erstarrungsgesteine: Sie entstehen, wenn heißer Gesteinsbrei aus dem Erdinneren an die Oberfläche dringt und dort erstarrt, zum Beispiel Basalt. Kühlt der Brei langsamer ab und bleibt im Erdinneren, bilden sich Tiefengesteine wie Granit. Der Spruch „hart wie Granit" sagt etwas über seine Härte.

Ablagerungsgesteine: Gestein wird zum Beispiel durch Hitze, Kälte, Wasser zerstört, dann abtransportiert und an anderen Stellen abgelagert. Dieses abgelagerte Verwitterungsmaterial verfestigt sich mit der Zeit, z. B. zu Kalkstein oder Sandstein.

Umwandlungsgesteine: Sie entstehen durch den großen Druck und die große Hitze, wenn die Erdkruste sich bewegt und Gebirge auffaltet. Das „erweicht" auch den härtesten Stein. Er wird heiß, schmilzt und verändert sich. Er wird „umgewandelt", aus Granit wird Gneis oder aus Kalkstein der begehrte Marmor.

Sandstein

Marmor

Der Giant´s Causeway in Nordirland, der Damm des Riesen aus sechseckigen Basaltsäulen! Eine Sage erzählt, dass ein Riese ihn gebaut haben soll.

Gipfel, Höhlen und wilde Wasser

Zwischen Himmel und Erde

Und nun auf in die höchsten Regionen unserer Erde! Eiseskälte, die Luft zu dünn zum Atmen, Fels, Schnee und Gletscher! Hier soll hoch über den Wolken der Sitz der Götter sein. Aus dem All würden dir diese gewaltigen Bergketten deutlich auffallen. Sie sind erst in der jüngeren Erdgeschichte entstanden und verändern sich ständig. Willst du die höchsten Gipfel besteigen, hüte dich vor der gefährlichen Höhenkrankheit. Steigst du zu schnell auf, kann sich der Körper nicht richtig anpassen und er reagiert mit Kopfschmerzen, Übelkeit, Erbrechen, Schwindel, Ohrensausen und Atemnot.

Von links nach rechts: Schneegrenze am Äquator (Mount Kenya), in den Alpen und in der Antarktis

Von Yeti, dem geheimnisvollen Schneemenschen im Himalaya

Stammen die rätselhaften, großen Spuren im Schnee von Yeti, dem geheimnisvollen „Schneemenschen"? Dieses zweibeinige, behaarte Fabelwesen soll im Himalaya, dem höchsten Gebirge der Welt, zu Hause sein. Himalaya heißt in der Sprache der Einheimischen „Heimat des Schnees". Bei etwa 5.500 Meter liegt die Schneegrenze. Oberhalb dieser Grenze fällt aller Niederschlag als Schnee. Der Bergsteiger Reinhold Messner und andere Experten sind der Meinung, dass Yeti nichts anderes ist als der harmlose Tibetbär.

Was versteht man unter Hochgebirge und Mittelgebirge? Hochgebirge nennt man Gebirge von über 2.000 Meter. Mittelgebirge sind Gebirge von 500 bis 2.000 Meter.

Der Yeti ist ein Fabelwesen. So könnte er aussehen.

24

Du fragst dich, wie so riesige Gebirge entstehen können? Schau dir die Alpen als Beispiel an. Vor etwa 170 Millionen Jahren war dort, wo heute das Hochgebirge aufragt, ein Meer. Auf dem Meeresgrund lagerten sich zum Beispiel abgestorbene Tiere oder Muscheln ab. Durch den Druck versteinerten im Laufe von Millionen Jahren die unten liegenden Materialien und wurden in Kalkstein umgewandelt. Weil sich die Platten, die heute Europa und Afrika tragen, aufeinander zu bewegen und aufeinanderprallen, schiebt sich eine unter die andere Platte, staucht und faltet sie auf: Ein Faltengebirge entsteht.

Berge „wachsen" nicht endlos in den Himmel. Denn sofort beginnen Wind, Wasser, Kälte und Hitze mit ihrer Zerstörung. Deshalb kannst du schon mal eine versteinerte Muschel auf einem Berggipfel finden.

Die höchsten Berge der Kontinente

Name	Höhe in Meter	Kontinent
Kilimandscharo	5.892	Afrika
Carstensz-Pyramide	4.884	Ozeanien / Australien
Elbrus	5.642	Europa
Mt. McKinley	6.194	Nordamerika
Aconcagua	6.959	Südamerika
Mount Vinson	4.897	Antarktis
Mount Everest	8.850	Asien

PROBIER AUS
... wie ein Gebirge aufgefaltet wird

Fülle in eine viereckige Glasschale halbvoll abwechselnd eine Schicht Mehl und eine Schicht Kakao. Schiebe mit einem Brettchen die Schichten vorsichtig von einem Rand aus in Richtung Mitte der Schale. Du beobachtest, wie sich ein „Gebirge" auffaltet, ein Faltengebirge.

Rekord

Unter den „Seven Summits" versteht man den jeweils höchsten Gipfel der sieben Kontinente. Verwechsle sie nicht mit den höchsten Bergen der Welt. Der amerikanische Multimillionär Dick Bass und der Italiener Reinhold Messner lieferten sich einen erbitterten Kampf, wer als Erster die Seven Summits bezwingen würde.

Der Bergsteiger Reinhold Messner, unterwegs in den Alpen

Beispiele für Faltengebirge: die Alpen in Europa, in Asien der Himalaya oder die Rocky Mountains in Nordamerika

25

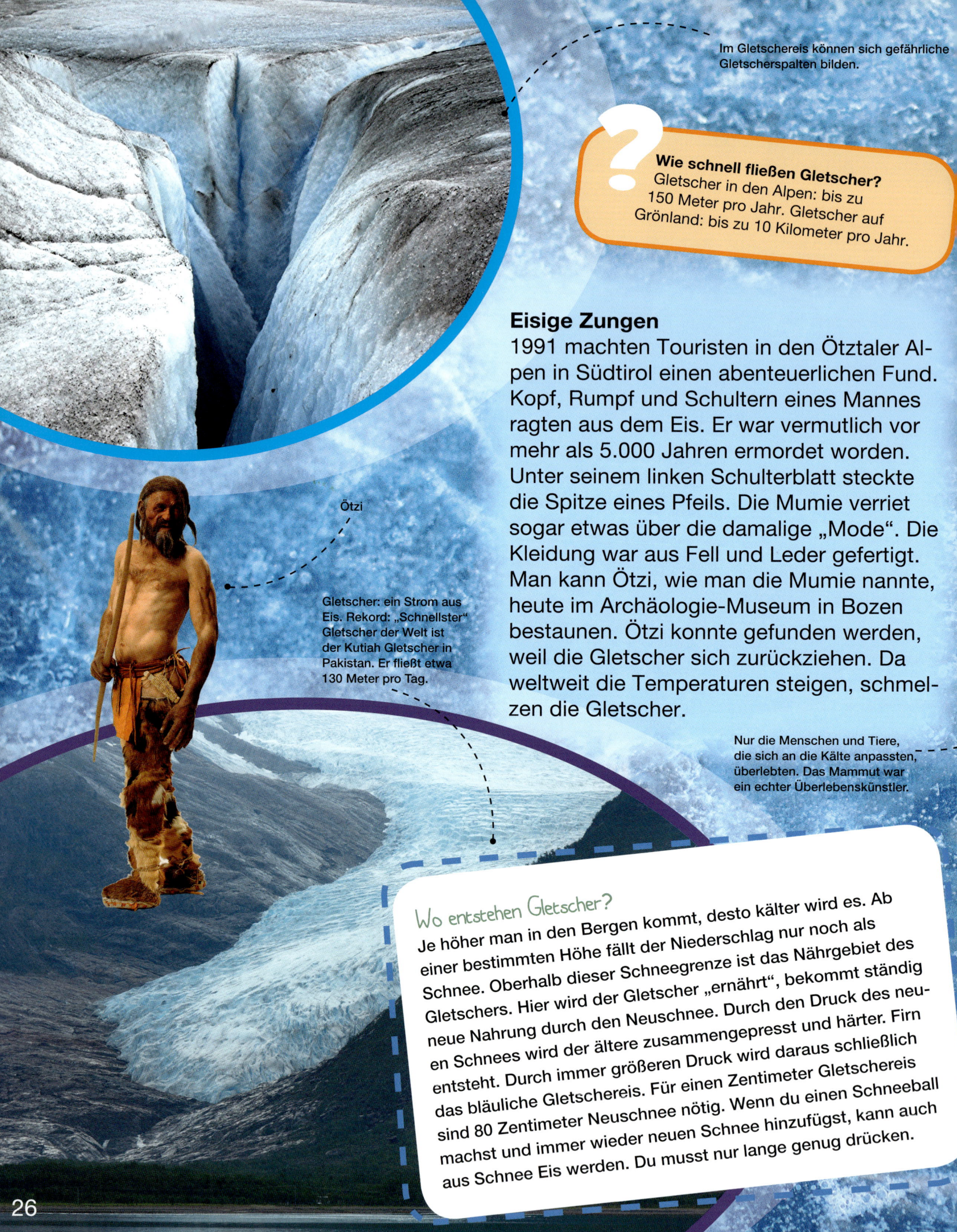

Im Gletschereis können sich gefährliche Gletscherspalten bilden.

? Wie schnell fließen Gletscher?
Gletscher in den Alpen: bis zu 150 Meter pro Jahr. Gletscher auf Grönland: bis zu 10 Kilometer pro Jahr.

Eisige Zungen

1991 machten Touristen in den Ötztaler Alpen in Südtirol einen abenteuerlichen Fund. Kopf, Rumpf und Schultern eines Mannes ragten aus dem Eis. Er war vermutlich vor mehr als 5.000 Jahren ermordet worden. Unter seinem linken Schulterblatt steckte die Spitze eines Pfeils. Die Mumie verriet sogar etwas über die damalige „Mode". Die Kleidung war aus Fell und Leder gefertigt. Man kann Ötzi, wie man die Mumie nannte, heute im Archäologie-Museum in Bozen bestaunen. Ötzi konnte gefunden werden, weil die Gletscher sich zurückziehen. Da weltweit die Temperaturen steigen, schmelzen die Gletscher.

Ötzi

Gletscher: ein Strom aus Eis. Rekord: „Schnellster" Gletscher der Welt ist der Kutiah Gletscher in Pakistan. Er fließt etwa 130 Meter pro Tag.

Nur die Menschen und Tiere, die sich an die Kälte anpassten, überlebten. Das Mammut war ein echter Überlebenskünstler.

Wo entstehen Gletscher?

Je höher man in den Bergen kommt, desto kälter wird es. Ab einer bestimmten Höhe fällt der Niederschlag nur noch als Schnee. Oberhalb dieser Schneegrenze ist das Nährgebiet des Gletschers. Hier wird der Gletscher „ernährt", bekommt ständig neue Nahrung durch den Neuschnee. Durch den Druck des neuen Schnees wird der ältere zusammengepresst und härter. Firn entsteht. Durch immer größeren Druck wird daraus schließlich das bläuliche Gletschereis. Für einen Zentimeter Gletschereis sind 80 Zentimeter Neuschnee nötig. Wenn du einen Schneeball machst und immer wieder neuen Schnee hinzufügst, kann auch aus Schnee Eis werden. Du musst nur lange genug drücken.

Was ist eine Gletscherzunge?
Das untere Ende des Gletschers sieht aus wie eine Zunge. Daher der Name Gletscherzunge.

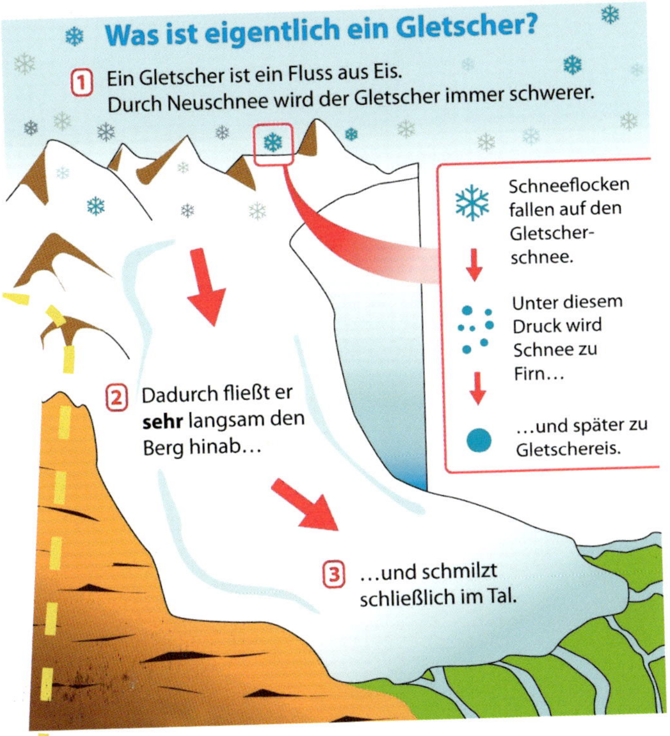
Was ist eigentlich ein Gletscher?
1 Ein Gletscher ist ein Fluss aus Eis.
Durch Neuschnee wird der Gletscher immer schwerer.
Schneeflocken fallen auf den Gletscher-schnee.
Unter diesem Druck wird Schnee zu Firn…
…und später zu Gletschereis.
2 Dadurch fließt er sehr langsam den Berg hinab…
3 …und schmilzt schließlich im Tal.

Eiszeit

Könntest du mit einer Zeitmaschine in die Vergangenheit, hüte dich vor Eiszeiten. Die Erde hat davon mehrere erlebt, alle paar Millionen Jahre eine neue. Die Temperaturen lagen über einige Jahrtausende um etwa vier bis zwölf Grad niedriger als heute. Damals wuchsen die Gletscher des skandinavischen Gebirges und begruben ganz Nordeuropa und einen großen Teil Nordamerikas unter sich. Die Gletscher hatten so viel Kraft, dass sie große Steine über weite Strecken transportierten. Aus dieser Zeit findest du noch weit gereiste Felsbrocken aus dem Norden Europas, z. B. in Norddeutschland. Man nennt sie Findlinge. Auch die Alpen lagen unter einem dicken Eispanzer. Die letzte Eiszeit war vor rund 10.000 Jahren.

Die Eismassen eines Gletschers üben mächtig Druck nach unten aus. So fangen die untersten Schichten unter dem Eigengewicht an zu rutschen. Auf ihrem Weg nach unten hobeln die Gletscher mit ihrem großen Gewicht Gesteinsbrocken vom Untergrund und von den Seiten ab. Gletscher meißeln im Laufe der Zeit U-förmige Täler aus. Schmilzt das Eis, lagert sich das abgehobelte Material auf dem Boden des Tales ab. Auch an den seitlichen Rändern und dort, wo der Gletscher zum Stillstand kommt, bleibt das mitgeschleppte Material liegen. Man nennt es Moräne, und zwar Grundmoräne, Seitenmoräne und Endmoräne. Du weißt nun sicher, woher diese Namen kommen...

PROBIER AUS … welche Kraft Eis hat

Fülle eine Plastikflasche randvoll mit Wasser. Verschließe die Flasche dicht in einem Plastikbeutel. Stelle alles in ein Gefrierfach. Wenn das Wasser gefriert, dehnt es sich aus, verbeult die Flasche und „sprengt" sie schließlich entzwei. Das beweist dir, dass Eis ungeheure Kraft hat.

Findling.

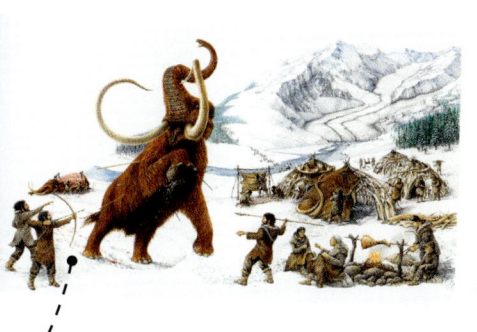

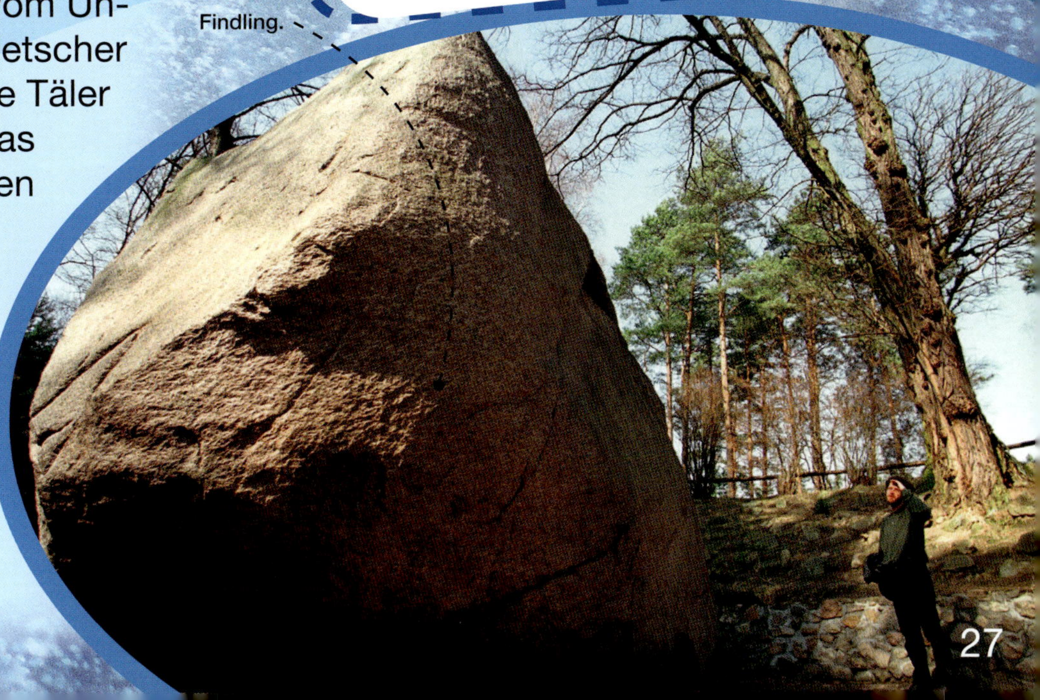

Höhlenzeichnungen
von Altamira

Geheimnisvolle Höhlen

Wer weiß, wo sich geheimnisvolle Höhlen tief unter der Erdoberfläche verstecken? Wahrscheinlich sind noch gar nicht alle entdeckt. Immer wieder werden durch Zufall neue gefunden. Wenn dich Höhlen faszinieren, wirst du am besten Höhlenforscher. Da geht es auf die Suche nach neuen Höhlen. Du solltest tauchen können, denn viele Höhlen sind „Wasserhöhlen", also mit Wasser gefüllt. In manchen Höhlen lebten früher Menschen. Ihre Zeichnungen an den Felswänden verraten uns etwas über frühe Kulturen.

Nicht jedes Loch in der Erde ist eine Höhle. Von Höhle spricht man erst, wenn ein Mensch sie betreten kann. Es gibt auch ganze Höhlensysteme. Hohlräume und Gänge verbinden die Höhlen miteinander.

Verschiedene Höhlenarten

Eine Art ist gleichzeitig mit dem Gestein entstanden, wie zum Beispiel Lavahöhlen. Die zweite Art entsteht, wenn das Gestein verwittert und abgetragen wird. Ein Beispiel sind die Karsthöhlen im Kalkgestein.

? Was sind Lavaröhren?

Das sind (engl.: lava tubes) Höhlen, die sich aus Lavaströmen bilden können. Wenn bei einem Vulkanausbruch ein Lavastrom schon an der Oberfläche erstarrt, aber im Inneren noch weiterfließt, kann ein Hohlraum zurückbleiben.

Stolze „Höhlenbezwinger": Höhle Cadomin (Alberta, Kanada)

Die Thurston Lava Tube, das he... „Lava Röhre", auf Hawaii entsta... während eines Vulkanausbruch... Man kann in dieser Höhle mehr... hundert Meter aufrecht gehen u... die Lavawände bestaunen.

Stalagmiten nennt man die Tropfsteine in einer Tropfsteinhöhle, die von unten nach oben wachsen. Stalaktiten wachsen von der Decke herab nach unten. Wachsen beide zusammen, entsteht ein Stalagnat.

Eine ungewöhnliche, riesige Wolke schwebt über einem Berg in Borneo. Sie besteht aus Tausenden von Fledermäusen. Sie verraten, dass hier der Eingang zu einer Höhle sein muss. Die Deer Cave zählt zu den größten Höhlen der Welt. Etwa drei Millionen Fledermäuse hängen am Tage unter der Decke dieser riesigen Höhle. Abends schwärmen sie aus der großen Öffnung zur Futtersuche aus. Die Höhle soll so groß sein, dass ein „Jumbo" durch sie hindurch fliegen könnte.

Fledermäuse über der Deer Cave in Borneo (cave = Höhle)

PROBIER AUS
... wie Höhlen in Kalkstein entstehen können

Nur mit einem Erwachsenen zusammen ausprobieren! Sammle verschiedene Gesteine, darunter einen Kalkstein, und leg sie in eine große Schale. Tropfe vorsichtig etwas verdünnte Salzsäure auf die Steine. Du beobachtest, dass sich der Kalk löst.

? Was sind Tropfsteinhöhlen?

Die größten Höhlen bilden sich in Kalkgebirgen. Dort können verzweigte Höhlensysteme entstehen. Denn Kalk ist wasserlöslich. So kann Wasser, das Säure enthält, in die Spalten des Kalkgesteins eindringen. Der Kalk löst sich auf, wird vom Wasser fortgespült und die Spalten erweitern sich. Flüsse verschwinden von der Oberfläche, fließen unterirdisch weiter und bilden Höhlensysteme. An der trockenen Oberfläche brechen Stellen ein. All diese oberirdischen und unterirdischen Erscheinungen werden unter dem Fachbegriff Karst zusammengefasst. Eine besondere Form sind die Tropfsteinhöhlen.

Breite Wasserfälle	Staat / Kontinent	Hohe Wasserfälle	Staat/Kontinent
Khone-Fälle 10.800 m	Laos / Asien	Angelfälle 979 m	Venezuela / Südamerika
Igacu 4.000 m	Brasilien / Argentinien / Südamerika	Yosemite Fälle 739 m	USA / Nordamerika
Victoria-Fälle 1.700 m	Simbabwe / Sambia / Afrika	Cuquenan Fälle 610 m	Guayana / Venezuela / Südamerika
Niagarafälle 1.140 m	USA / Kanada / Nordamerika	Mardalsfossen 645 m	Norwegen / Europa

Angelfälle (Salto Angel), Venezuela

Wo ist der höchste Wasserfall der Welt?

Ist das Gestein zu hart für den Fluss, um sich in die Tiefe zu graben, entsteht ein Wasserfall. Die Angelfälle im Südosten von Venezuela sind die höchsten Wasserfälle der Welt. Der Fluss Rio Carrao stürzt sich 978 Meter in die Tiefe. Der Kölner Dom ist rund 157 m hoch. Seinen Namen bekam der Wasserfall nach dem amerikanischen Pilot Jimmy Angel, der ihn 1935 entdeckte. Die Bootsfahrt durch den Regenwald Venezuelas zu diesem Naturschauspiel dauert eineinhalb Tage.

Flüsse und Täler

Ein Fluss kann dir viel über seine Reise von der Quelle zur Mündung erzählen. Hat er viel Gefälle und viel Wasser, reißt er alles mit, was ihm im Weg ist, und schürft tiefe Täler aus. Kommt er zur Ruhe und hat nur noch wenig Gefälle, lagert er sein mitgeführtes Material ab. Die Mündungen ins Meer können gewaltige Landschaften formen.

Flüsse sind für den Menschen aber auch sehr nützlich. Sie sind Wasserlieferanten, Wasserstraßen zum Transport, liefern Fische und die Kraft des Flusses dient als Energielieferant.

Der Nil hat eine dreiecksförmige Mündung geschaffen, eine Deltamündung.

Der Nil

Wie gewaltig Wasserfä[...] sein können, siehst du [...] diesem Vergleich der H[...] der Angelfälle (Salto A[...] und der Cuquenan Fäl[...] mit dem Pariser Eiffelt[...]

Wie lang ist der längste Fluss der Welt?

Der Nil ist mit 6.671 Kilometer der längste Fluss der Erde. Der längste Fluss Europas, die Donau, kommt in der Liste an die 40., der Rhein erst an die 182. Stelle. Der Nil schlängelt sich mitten durch die Sahara. Mit seinem Wasser ermöglicht er Leben in der Wüste. Deshalb nennt man den Nil auch die Lebensader Ägyptens.

Flüsse sind immer gut für Rekorde. Der Colorado River in den USA hat die größte Schlucht der Welt geschaffen, den berühmten Grand Canyon. Er ist 1.800 Meter tief und 347 Kilometer lang.

Ein US-Amerikaner überquerte 2013 als erster Mensch ohne Sicherung den Grand Canyon auf einem Seil. Schau dir das einzigartige Naturschauspiel lieber vom Rand, vom Helicopter oder bei einer Wildwasserfahrt an. Colorado ist Spanisch und heißt „rotgefärbt".

Die großen Pyramiden erinnern an frühe Hochkulturen, die ohne den Nil nicht möglich gewesen wären.

Rekord

Der Amazonas ist der wasserreichste Fluss der Erde. Er liegt in Äquatornähe. Hier ist es das ganze Jahr über feucht und heiß. Über weite Strecken ist der Strom etwa fünf Kilometer breit, bei Hochwasser kann er sich auf über 100 Kilometer ausbreiten. Baden solltest du lieber nicht in den Wassermassen. Hier lauern die räuberischen Piranhas mit ihren messerscharfen Zähnen und der Zitteraal, der Stromschläge austeilt.

Entstehung des Grand Canyon

Die bunten Gesteinsschichten wurden im Laufe von Jahrmillionen abgelagert. Der Colorado River entspringt in 3.000 Meter Höhe. Auf seinem Weg zum Meer muss er sich einen Weg durch das Gestein bahnen. Er schneidet sich Schicht um Schicht immer tiefer ein. Weichere Schichten schafft er gut, die härteren leisten Widerstand und bilden die senkrechten Wände oder Überhänge. So entstehen die berühmten „Treppen", die typisch für einen Canyon sind.

Rafting auf dem Colorado River

Name	Größe (in Mio km²)
Pazifischer Ozean	180
Atlantischer Ozean	106
Indischer Ozean	75

Meere – riesig, nützlich, gefährlich

Riesige Ozeane

Die Erde wird „Blauer Planet" genannt. Fast drei Viertel der Erdoberfläche sind von Wasser bedeckt. Deshalb dürfte unser Planet eigentlich gar nicht „Erde" heißen. Wenn du ein Fisch wärst, könntest du mit einem der Meeresströme eine kostenlose Reise unternehmen. Große Meeresströmungen halten das Meerwasser ständig in Bewegung. Ein bekannter warmer Strom ist der Golfstrom. Er ist für Europa so etwas wie eine Fernheizung.

Als Fisch hättest du auch keine Probleme mit dem Salzwasser. Umso mehr jedoch als Schiffbrüchiger im riesigen Meer! Denn trotz des vielen Wassers um dich herum müsstest du verdursten, wenn du keine Süßwasservorräte dabei hättest. Denn das Meerwasser ist salzig und ungenießbar.

Salziges Meerwasser

Regentropfen fallen auf die Erde, dringen in tiefere Schichten ein, waschen aus den Gesteinen Salze aus. Viele Tropfen sammeln sich als Grundwasser. Als Quellen, Bäche, Flüsse vereinigen sie sich zu großen Wassermengen. Auf dem langen Weg zum Meer wird eine Menge Salz gesammelt. Deshalb ist das Meerwasser salzig.

Die Oberfläche der Nordhalbkugel besteht zu zwei Dritteln aus Wasser, die der Südhalbkugel zu vier Fünfteln.

Rekord

2012 tauchte James Cameron, der bei dem berühmten Film Titanic Regie führte, als erster Mensch allein auf den Grund des Marianengrabens. Mit seinem Spezial-U-Boot „Deepsea Challenger", das heißt „Herausforderer der Tiefsee", blieb er drei Stunden am Meeresgrund in mehr als 11 Kilometer Tiefe. Mit 11.034 Metern ist der Marianengraben die tiefste Stelle im Meer. In ihm könnte sich der höchste Berg der Erde, der Mount Everest (8.872 Meter), verstecken.

Wenn du glaubst, der Meeresboden ist überall schön eben und glatt, täuschst du dich gewaltig! Ganze Landschaften mit weiten Ebenen, riesigen hoch aufragenden Gebirgen und tiefen Schluchten erwarten dich am Grund der Ozeane. Allerdings kannst du nicht so tief tauchen, der Wasserdruck würde dich töten. Normale U-Boote halten dem Druck in mehreren Tausend Metern in der Tiefsee nicht stand. Deshalb hat man besondere Tauchboote entwickelt. Stockdunkel ist es auch.

? Wo lebt das größte Säugetier unseres Planeten?
Der Blauwal ist ein Säugetier und kann so viel wie etwa 50 Elefanten wiegen. Blauwale gibt es in allen Ozeanen.

Landschaften im Meer

Festland

Kontinental-abhang

Seeberge
sind meist ehemalige oder noch aktive Vulkane

Vulkaninseln

Tiefseegraben
bis über 10 000 m tief

Nebenmeer und Mittelmeer

Zu den Ozeanen gehören noch Nebenmeere wie die Nordsee, das Mittelmeer oder das Schwarze Meer. Nebenmeere sind nicht so salzig wie Ozeane.

Schätze rund ums Meer

Wie gut, dass es die Ozeane gibt! Ohne die Weltmeere als Verkehrswege wäre die Erde wohl nie entdeckt worden. Denn zum Schwimmen sind die Entfernungen zu groß auf unserem Heimatplaneten.

Heute transportieren Containerschiffe die unterschiedlichsten Produkte. Mit dem Flugzeug geht es zwar schneller, aber das Schiff ist billiger. Natürlich kannst du auch mit einem Luxusschiff eine Fahrt über die Ozeane machen. Hoffentlich erwischt dich keine Monsterwelle.

Kabel werden auf dem Meeresgrund verlegt. Solche Tiefseekabel können ungeheure Mengen an Daten in Windeseile transportieren und die Welt verbinden.

Ein Schiff verlegt ein Glasfaserkabel.

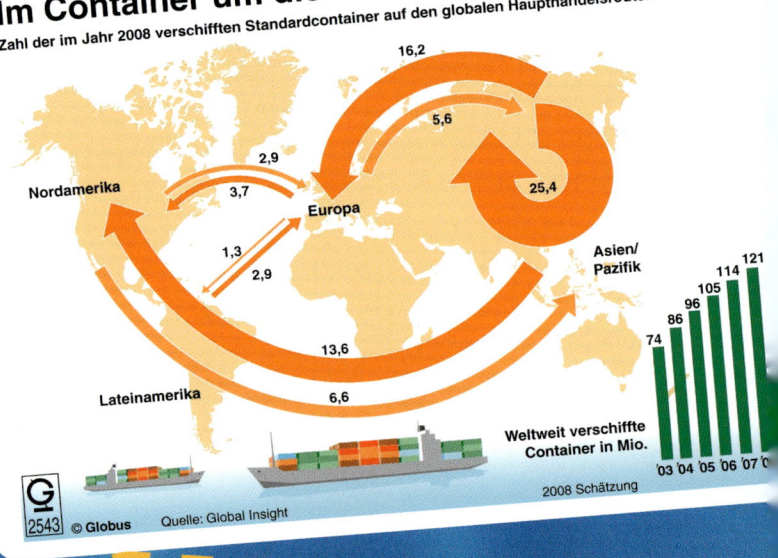

Im Container um die Welt

Zahl der im Jahr 2008 verschifften Standardcontainer auf den globalen Haupthandelsrouten in Millionen

16,2

5,6

2,9

Nordamerika

3,7

25,4

1,3

2,9

Europa

Asien/ Pazifik

13,6

121
114
105
96
86
74

Lateinamerika

6,6

Weltweit verschiffte Container in Mio.

'03 '04 '05 '06 '07 '0

2008 Schätzung

G 2543 © Globus   Quelle: Global Insight

Monsterwellen

Diese Riesenwellen entfalten ihre zerstörerische Kraft auf dem Meer, nicht wie Tsunamis an den Küsten. Monsterwellen entstehen durch Wind und können über 30 Meter hoch werden. Sie kommen wie aus dem Nichts, brechen mit riesiger, schäumender Wucht über die Schiffe, drücken Fenster ein, entfalten eine zerstörerische, tödliche Kraft.

? Was sind Container?

Das sind Kisten, die man perfekt auf Lkw, Zugwaggons oder Schiffen stapeln kann. Denn Standardcontainer haben ein einheitliches Maß. So kann man sie prima von einem Verkehrsmittel auf ein anderes umladen und den Transport einfach organisieren. Der größte Containerhafen der Welt ist Singapur, gefolgt von Shanghai und Hongkong. Hamburg liegt auf Platz neun. Containerhäfen gibt es rund um die Erdkugel.

Die Weltmeere sind eine riesige Nahrungsquelle. Das geht über Fische und Meeresfrüchte bis hin zu Algen. Die stehen in Asien öfter als Salat oder gedünstetes Gemüse auf dem Speiseplan. Man soll natürlich nicht nur ans Essen denken. Ganz große Kostbarkeiten lagern tief am und unter dem Meeresgrund. Das Meer ist nämlich auch ein Rohstofflieferant.

Ohne Spezialausrüstung, Bohrinseln und Bohrschiffe käme man nicht an das „schwarze Gold", das Erdöl. Ein Vermögen davon lagert unter dem Meeresgrund. Denn ohne Erdöl und Erdgas läuft die Wirtschaft nicht. Aber je tiefer die Lagerstätten, desto kostspieliger die Förderung. Die Bohrinseln und Förderplattformen gehören zu den extremsten Arbeitsplätzen der Welt. Du kannst sie meist nur per Hubschrauber erreichen, musst wochenlang dort bleiben.

In den Fjorden Norwegens züchtet man Lachse in solchen Aquakulturen.

Fischfang und Aquakultur

Die riesigen, schwimmenden Fischfabriken nennt man Trawler. Hier werden Fische gefangen, zu Filets oder Fischstäbchen verarbeitet und direkt auf dem Schiff tiefgefroren. Oft erst nach Wochen kehren die Schiffe zurück. Man fängt nicht nur Fische im Meer, sondern züchtet auch Fische wie Lachse oder Garnelen, die normalerweise im offenen Meer leben, in schwimmenden riesigen Käfigen. Das nennt man Aquakultur.

Die Wunderknollen aus der Tiefsee

1872–1876 begannen Briten, mit dem Dampfschiff Challenger die Ozeane zu erforschen. Mit dem Tiefseelot ermittelten sie Meerestiefen. Sie bestimmten den Salzgehalt der Meere und nahmen Bodenproben vom Meeresgrund. Dabei entdeckten sie Manganknollen – die „Perlen der Tiefsee" – am Ozeangrund. Sie sind sehr wertvoll, weil sie außer Mangan andere sehr seltene Metalle enthalten, ohne die es dein Handy nicht gäbe. Mangan ist für die Stahlindustrie wichtig.

Bohrinsel

Tödliche Wellen – Tsunamis

„Tsunami" ist japanisch und bedeutet „Große Welle im Hafen". Japanische Fischer erfanden 1896 diesen Namen. Denn auf dem offenen Meer hatten sie nichts von der Welle bemerkt, die ihren Heimathafen zerstören sollte. Ein Tsunami ist eben eine „große Welle im Hafen", nicht auf dem Meer. Kurz bevor die Welle den Strand überrollt, kann sich das Meer zurückziehen. Die tödliche Welle trifft dann die völlig überraschten Menschen.

? Wie entstehen Tsunamis?

Die Ursache sind Seebeben. Das sind Erdbeben, die unter dem Meeresboden stattfinden. Sie können gewaltige Wellen, die Tsunamis, auslösen. Die Tsunamiwelle breitet sich kreisförmig vom Zentrum des Seebebens aus. Wenn sich der Meeresboden hebt, wird eine große Wassersäule vom Meeresboden bis zur Wasseroberfläche hoch gedrückt. Das bedeutet, dass Tsunamiwellen mehrere Tausend Meter hoch sein können, je nachdem, wie tief der Meeresboden liegt. Auf dem offenen Meer sind die Wellen nicht sehr hoch, aber sehr schnell. Ist das Meer sehr tief, rasen sie mit etwa 800 km/h. Sie können einen oder mehrere Ozeane durchqueren. Nimmt die Wassertiefe in der Nähe des Ufers ab, wird die Welle gebremst und dadurch riesenhoch, bis über 30 Meter. Die Welle türmt sich immer gewaltiger auf. Gigantische Kräfte werden frei, zerstören und töten alles, was ihnen im Weg steht.

? Was unterscheidet Tsunamis von gewöhnlichen Wellen?

Tsunamiwellen sind völlig anders als Wellen, die durch Wind entstehen. Denn bei diesen kann das Wasser zwar unter außerordentlichen Bedingungen bis zu 30 Meter hoch aufgeworfen werden. Die Kraft der Wellen reicht jedoch nicht in tiefere Wasserschichten. Wellen, die der Wind erzeugt, erreichen Geschwindigkeiten von 8 bis 100 km/h. Bei einem Tsunami bewegt sich dagegen die gesamte Wassersäule vom Meeresboden bis zur Meeresoberfläche und ist um ein Vielfaches schneller.

Der 11. März 2011 war ein schwarzer Tag in der Geschichte Japans. Der Tag, an dem ein gewaltiges Erdbeben der Stärke 9,0 den Norden des Landes erschüttert, das Land um mehrere Meter versetzt - und wenig später Tsunamis Küstenstädte auslöschen.

Tausende Menschen kamen dabei um, Zigtausende galten noch Wochen nach dem Beben und dem Tsunami als vermisst. Kamerabilder zeigen, wie Autos, Boote und ganze Gebäude von den Wassermassen fortgerissen wurden.

An Bord eines Schiffes hatte vorher einer der Seeleute durch Zufall ein Video gemacht, wie ihr Schiff auf den Tsunami trifft, der wenig später an Land bricht. Diese Welle hat das Boot mitten auf dem Meer nicht beschädigt. Die Besatzung ahnte nichts von dem Schicksal, das den Mitbürgern an Land drohte.

Tsunami-Warnturm am Strand. Tsunamis sind eine tödliche Gefahr, der die Menschen hilflos ausgesetzt sind, wenn sie nicht rechtzeitig gewarnt werden.

Einige Tsunamikatastrophen

1883	36.000 Tote: Ausbruch des Krakatau löst Tsunami aus.
1896	26.000 Tote in Japan
1960	1.000 Tote in Chile, 61 in Hawaii
1964	Seebeben im Aleutengraben vor Alaska löst einen Tsunami aus: Auswirkungen bis Kalifornien, Japan, Ecuador und in die Antarktis
1998	über 2.000 Tote in Papua-Neuguinea
2004	über 230.000 Tote an den Küsten des Indischen Ozeans
2011	etwa 19.000 Tote und Vermisste in Japan

Frühwarnsystem

Wissenschaftler haben auf dem Meeresboden Fühler befestigt. Wenn diese ein Erdbeben feststellen, funken sie die Information an eine Boje an der Meeresoberfläche. Die meldet das an ein Erdbebenzentrum an Land. Radio- und Fernsehstationen warnen dann die Menschen, damit sie in höhere Gebiete fliehen können.

Ein Tsunami verursacht verheerende Zerstörungen.

An den Küsten

Da bist du gerade an der Nordseeküste nach langer Reise angekommen und möchtest dich sofort in die Wellen stürzen. Aber statt herrlicher Wellen gibt es nur matschigen Schlick. Zum Glück ist das kein Dauerzustand. Dafür sind die Gezeiten verantwortlich. Die flachen Stellen fallen bei Ebbe trocken und sind bei Flut überspült. Das ist das Wattenmeer. An der Nordsee gibt es die größte zusammenhängende Wattfläche auf der Erde, ein Paradies für etwa 2.000 verschiedene Tierarten.

Gezeiten

Zweimal täglich läuft das Wasser auf, zweimal weicht es zurück. Steigt das Meer an, ist Flut. Fällt es, ist Ebbe. Beides zusammen dauert etwas mehr als zwölf Stunden. Den Unterschied zwischen der höchsten und der niedrigsten Wasserhöhe nennt man Tidenhub.

Das Boot, das jetzt auf dem Trockenen liegt, wird ein paar Stunden später wieder schwimmen.

PROBIER AUS
... wie die Flutberge hin und her schwappen

Fülle eine Schüssel halbvoll mit Wasser. Bewege sie hin und her. Auf der einen Seite schwappt das Wasser fast über, es bildet sich ein Wasserberg. Dort ist „Flut". Auf der anderen Seite weicht das Wasser zurück, es ist „Ebbe". Dafür verantwortlich sind in der Natur komplizierte Vorgänge: die Anziehungskraft des Mondes und die Fliehkraft der Erde.

Der Wattwurm
lebt in einer selbst gebauten Röhre im Wattsand.

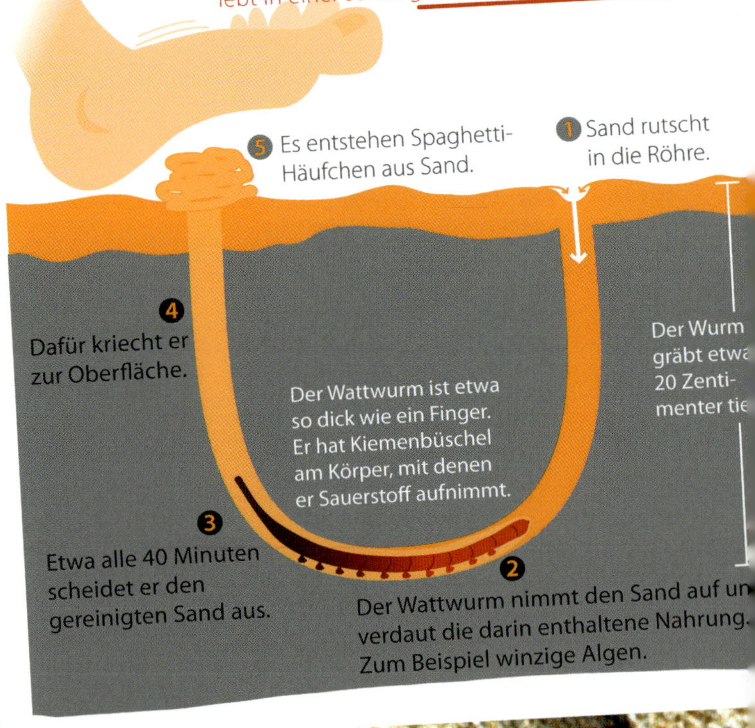

1 Sand rutscht in die Röhre.

5 Es entstehen Spaghetti-Häufchen aus Sand.

4 Dafür kriecht er zur Oberfläche.

Der Wattwurm ist etwa so dick wie ein Finger. Er hat Kiemenbüschel am Körper, mit denen er Sauerstoff aufnimmt.

Der Wurm gräbt etwa 20 Zentimeter tief

3 Etwa alle 40 Minuten scheidet er den gereinigten Sand aus.

2 Der Wattwurm nimmt den Sand auf und verdaut die darin enthaltene Nahrung. Zum Beispiel winzige Algen.

Kaum hast du eine tolle Sandburg aufgebaut, kommen Wellen und spülen alles weg. Genauso kann das auflaufende Wasser ganze Küsten verändern und formen. Wellen nagen an Felsen und unterspülen sie, bis sie einstürzen. Das abgeschürfte Material wird weggespült und weiter transportiert. An ruhigen Stellen lagert es sich wieder ab. So kann das Meer sogar neues Land aufbauen. Der Mensch unterstützt diesen Vorgang und gewinnt neues Land aus dem Meer. Dazu setzt man an ruhigen Stellen Lahnungen in den Schlick. Das sind doppelte Pfahlreihen mit Reisig dazwischen. Schlick setzt sich daran ab.

Im Laufe der Zeit verändert das Meer ständig die Küstenlinie. Schau mal in alten Karten von der Nordseeküste. Orte, die dort verzeichnet waren, gibt es nicht mehr. Stattdessen hat das Meer an anderen Stellen Land neu aufgebaut.

Wie wird aus Stein Sand?
Die Wellen rollen Steine und Brocken vor sich her und zurück. Dadurch runden sie sich ab, werden zu Kieseln. Geht der Vorgang immer weiter, bleibt nur Sand übrig. Bis es soweit ist, musst du allerdings Hunderte von Jahren oder mehr warten.

Salzwasserkrokodil

Mangroven

Das wäre für andere Pflanzen tödlich: sengend heiße Sonne, salziges Wasser und ständig dem Wechsel der Gezeiten ausgesetzt! Die Mangrovenbäume haben sich in der Nähe des Äquators mit ihren Stelzenwurzeln perfekt an diese Bedingungen angepasst. Die Stelzen bilden ein undurchdringliches Wurzelsystem im weichen Schlick und lassen die Bäume bei Flut aus dem Wasser herausragen. Die Stelzen sind „Atemwurzeln". Mangroven können riesige Küstenwälder bilden.
Die Mangrovenküste ist so etwas wie die „Wattenküste der Tropen", die Heimat vieler Tiere wie des Salzwasserkrokodils. Die Gebiete sind äußerst empfindlich.

Dieser Bogen in Dorset in England heißt Durdle Dor. Das bedeutet „Bohrloch, Durchbohrung". An einer Landzunge mit Höhlen nagten die Wellen von beiden Seiten, bis schließlich nur dieser Bogen übrigblieb.

Eine Reise rund um die Erde

Wohnen rund um den Erdball

Du wirst auf einer Reise um die Erde staunen, wie viele unterschiedlichste Behausungen es gibt. So wie du wohnt vermutlich nur ein kleiner Teil der Menschen. Da gibt es Häuser aus Stein, Lehm, Holz, Schilf, Fellen, Blättern, Eis oder sogar aus Kuhdung.

Aus der Art, wie der Mensch wohnt, kannst du Rückschlüsse auf seine Lebensweise und seinen Wohnort ziehen. Höhlen waren vermutlich die ersten Behausungen der Menschen in der Vergangenheit.

? Wo wurden die ersten Häuser gebaut?
Die ersten Menschen zogen als Jäger und Sammler umher. Als sie sesshaft wurden, bauten sie Häuser „für länger". Man vermutet, dass im Nahen Osten (Turkestan) vor etwa 10.000 Jahren die ersten festen Häuser gebaut wurden. Man grub runde Häuser halb in den Untergrund ein und errichtete Wände aus Lehm.

In der Türkei, in Kappadokien, bauten Christen in das Vulkangestein ganze Dörfer und sogar Kirchen, um vor Angreifern sicher zu sein.

Baumaterial Lehm

Lehm ist vermutlich das älteste Baumaterial der Welt. Er lässt sich gut formen, wenn er feucht ist. Fest wird er „steinhart", also ein hervorragender Baustoff für trockene, heiße Gebiete. Lehmräume bleiben am Tag kühl und geben in der Nacht Wärme ab. Lehm nennt man auch den Baustoff der Armen. Mehr als ein Drittel der Menschen rund um den Globus lebt in Lehmbauten. Sie sind heute noch in Afrika, Indien, China und Amerika verbreitet.

Auch Kinder helfen in Indien mit, um Lehmziegel mit der Hand herzustellen.

Traditionelle Bauweise in Japan: In Japan sind Erdbeben häufig. Da ist ein Steinhaus unpraktisch. Ein Gerüst aus Holz, die Bespannung aus Papier - da kann einem kein Stein auf den Kopf fallen. Hochhäuser z.B. in Tokyo sind so gebaut, dass sie bei Erdbeben mitschwingen.

Häuser geben Schutz vor Kälte, gegen zu große Hitze, Sturm und Unwetter, aber auch vor wilden Tieren, Dieben oder Angreifern. In manchen Kulturen haben auch die Verstorbenen, Götter oder Geister ihren Platz im Haus. Man opfert ihnen, um sie gut zu stimmen.

Massai in Ostafrika

Die Frauen flechten aus Zweigen ein rundes Gerüst, das sie mit Lehm und Kuhdung zuschmieren. Auch Kleintiere schlafen in den Hütten. Darin brennt ständig ein kleines Feuer. Es vertreibt Moskitos, spendet Wärme in der Nacht und ist tagsüber die Kochstelle. Stühle, Tische oder Wandschmuck suchst du vergeblich. Man schläft auf Rinderfellen. Ursprünglich zogen die Massai mit ihren Rindern zu den Weideplätzen. Heute sind viele Menschen sesshaft geworden.

PROBIER AUS
... wie man ein Tipi baut

Stelle drei Holzstangen pyramidenförmig auf. Binde sie oben mit einem Seil zusammen. Lehne drei weitere Stangen gleichmäßig um das Gerüst. Binde alle sechs Stangen oben mit einem zweiten Seil zusammen. Behänge das Gestänge mit Decken. Benutze Wäscheklammern, um die Decken zusammenzuhalten. Lasse einen Schlitz als Eingang.

Tipi nennt man die traditionelle Unterkunft der Indianer, die auf der Suche nach Büffeln durch die Prärie streiften. Frauen und Kinder bauten es auf. Das Wort stammt von den Sioux: Ti = Haus und Pi = der Platz, wo man wohnt.

Speisezettel einmal anders

Na, wie wär's mit Borschtsch aus Russland, einer Suppe aus Roter Bete, Weißkohl und Rindfleisch? Oder probier in Kolumbien das Nationalgericht Bandeja Paisa: Hackfleisch, Schweinekruste, Reis, Bohnen, Kochbananen, Avocado und Spiegelei oben drauf. Oder Lamm in Australien oder Neuseeland, natürlich mit Minzsoße. Oder Sushi aus Japan. Oder gegrillte Heuschrecken? Die magst du vielleicht absolut nicht, während sie für manchen Chinesen Köstlichkeiten sind.

Man isst, was der Lebensraum bietet, was man anbauen kann, welche Tiere man züchten oder jagen kann, aber auch, was die Religion vorschreibt. Auf den verschiedenen Kontinenten überwiegen unterschiedliche Grundnahrungsmittel. Das sind Nahrungsmittel, die den Menschen ausreichend mit Kohlehydraten, Eiweiß und Fett versorgen, nicht aber unbedingt mit für den Körper wichtigen Vitaminen und Spurenelementen. Die weltweit wichtigsten Grundnahrungsmittel sind Getreide wie Weizen oder Reis, Speicherwurzeln wie Kartoffeln oder Yams, Eiweißlieferanten wie die Hülsenfrüchte Linsen oder Bohnen sowie Fisch, Fleisch, Eier und Milch und Früchte wie Datteln und Feigen.

Grashüpfer „am Stiel"

Mexikanische Küche

Getreide

Dazu gehören Pflanzen, die aus der Familie der Süßgräser stammen. Sie wuchsen ursprünglich wild. Einige kannte man schon in der Steinzeit und baute sie später gezielt an. Die Menschen mussten nicht mehr als Nomaden umherziehen und konnten sesshaft werden. Weizen, Roggen, Gerste, Hafer, Reis, Mais und Hirse sind heute die wichtigsten Getreidearten für die Ernährung der Weltbevölkerung. In manchen Ländern müssen die Menschen überwiegend von einer dieser Getreidearten leben. Das alte Getreide Hirse ist in Afrika, Reis in China und anderen asiatischen Ländern und Mais in Südamerika oft das Hauptnahrungsmittel.

Andere Länder, andere Sitten: Auch die „Essgeräte" unterscheiden sich. Man nimmt Stäbchen, einfach nur die Finger oder Messer und Gabel. Oder man isst im Stehen, Sitzen oder Hocken. In den USA gilt es als unfein, mit Messer und Gabel gleichzeitig zu essen. Man schneidet kleine mundgerechte Stücke, legt dann das Messer beiseite und isst mit der Gabel in der rechten Hand.

In vielen Ländern wie in Indien isst man mit der Hand. Allerdings nur mit der rechten. Die linke, „unreine" Hand braucht man zum Reinigen nach dem Toilettengang.

Speicherwurzeln

Yams, auch Süßkartoffel, Batate, Weiße Kartoffel oder Knollenwinde genannt, ist nach Kartoffeln und Maniok auf dem dritten Platz der Weltproduktion der Knollennahrungspflanzen. Achtung! Mit der Kartoffel ist die Süßkartoffel nur entfernt verwandt.

Hülsenfrüchte

In Indien kannst du schon Linsen zum Frühstück bekommen. Linsen, die du wahrscheinlich nur als Linsensuppe kennst, schmecken in Indien ganz anders. Die Hindus vermeiden Fleisch, stattdessen liefern Linsen das wichtige Eiweiß.

? Was ist eine Kulturpflanze?

Verändert der Mensch eine Naturpflanze so, dass sie für ihn nützlicher ist, spricht man von einer Kulturpflanze. So ist Getreide auf die speziellen Bedürfnisse hin gezüchtet. Es gibt gezüchtete Weizensorten, die der Kälte besser standhalten. Kulturpflanzen haben im Vergleich zur Wildpflanze einen „Riesenwuchs".

er süße Brei" aus em Grimmschen ärchen war aus Hirse.

Russland

Thailand

China

Marokko

Indien

Vereinigte Arabische Emirate

Australien

Die Briefmarken zeigen dir unterschiedlichste Schriftzeichen. Der Name des Landes in lateinischer Schrift hilft dir. Diese verwendet man mit kleinen Abwandlungen nicht nur in vielen Ländern Europas. Auch im Ausland sind diese Schriftzeichen am gebräuchlichsten. Sie stammen von den alten Römern. Briefmarken verraten dir viel über die Kulturen rund um den Erdball.

Ein bunter Mix aus Kulturen

In wenigen Stunden kannst du mit dem Düsenjet um die Welt fliegen. Am besten solltest du für deine Zwischenstopps ganz viele Sprachen kennen, damit du dich überall verständigen kannst. Weltweit soll es heute etwa 6.500 Sprachen geben. Die kannst du aber nicht alle lernen. Die meistgesprochene Sprache der Welt ist Chinesisch. Da verstehst du nicht viel und mit den Schriftzeichen kannst du wahrscheinlich auch nichts anfangen. Aber zum Glück gibt es Weltsprachen.

? Was versteht man unter Weltsprachen?

Das sind Sprachen, die weit über ihr Ursprungsgebiet hinaus gesprochen werden. Seit dem Ende des Zweiten Weltkrieges ist Englisch die international bedeutendste Weltsprache. Amtssprache nennt man die Sprache, die Regierungen und Ämter zum Beispiel für Formulare oder Gesetze, aber auch in Schulen gebrauchen.

Auf einer Reise lernst du viele Kulturen kennen. Die Menschen haben in ihrem Lebensraum ganz unterschiedliche Spuren hinterlassen. Dazu gehören die Sprache, Kunst, Sitten und Gebräuche, die Art zu bauen oder Recht zu sprechen, die Wirtschaft, die Religion. Das merkst du schon, wenn du Weihnachten in einem anderen Teil der Erde verbringst. Dieses Fest gibt es nur dort, wo die Bevölkerung christlich ist. Die anderen vier großen Weltreligionen sind Buddhismus, Hinduismus, Islam und Judentum. Je mehr du über die fremde Kultur in Erfahrung bringst, desto besser kannst du die Menschen verstehen. Feier doch einfach mal Feste rund um die Welt.

Songkran

In Thailand kannst du im April drei Tage Songkran, das Neujahrsfest, feiern. Die Thailänder machen daraus ein „Wasserfest". Wasser ist für sie ein Glücksbringer. Es ist ungemein wichtig, damit der Reis wächst. Die Kinder gießen Älteren als Zeichen des Respekts Jasminblütenwasser über die Hände und dürfen sich beim Planschen austoben.

Tag der Toten

Am 31. Oktober feiert man in Mexiko ein fröhliches Fest, den Tag der Toten. Für die Verstorbenen schmückt man einen bunten Altar mit den Lieblingsspeisen der Verstorbenen. Die Mexikaner glauben, dass die Toten einmal im Jahr zu Besuch kommen.

Indische Hochzeit

Bräutigam und Braut lernen sich erst am Hochzeitstag kennen. Die Eltern suchen die Partner aus. Die Frau zieht zur Familie des Mannes.

Neujahrsfest

In China ist das höchste Fest das Neujahrsfest, ein Frühlingsfest. Es liegt unterschiedlich zwischen dem 21. Januar und dem 21. Februar, weil sich der chinesische Kalender nach dem Mond richtet. Rot ist die Glücksfarbe der Chinesen. In einer großen Prozession trägt man Laternen durch die Straßen, junge Männer verkleiden sich als Drachen und führen Drachentänze auf.

Städte, Städte, Städte

Menschen, Menschen, Menschen! Nirgends sind so viele Menschen zusammengeballt wie in den riesigen Städten unserer Erde. Seit kurzem leben weltweit mehr Menschen in Städten als auf dem Land. Wissenschaftler schätzen, dass im Jahr 2025 über 60 Prozent der Menschen in Städten leben könnten. Und die größten Städte der Welt wachsen immer weiter.

Was sind globale Städte „Global Cities"?
Es gibt Städte, die für die ganze Erde wichtig sind. Du findest dort die größten Unternehmen, die in der ganzen Welt tätig sind, bedeutende Banken, berühmte Universitäten, Theater, Museen und natürlich Flughäfen. Einige wie Hongkong auf dem Foto haben bedeutende Seehäfen. Solche wichtigen Städte von Weltbedeutung sind New York und London, dann Hongkong, Tokyo, Peking, Singapur, Shanghai, Sydney und Paris. Verwechsele sie nicht mit den größten Städten der Welt.

Freiheitsstatue in New York

„NYC" ist die Abkürzung für „New York City". Wer mit dem Schiff dorthin reist, wird von der Freiheitsstatue begrüßt. Du kannst bis in ihren Kopf hoch steigen. Vor etwa 10.000 Jahren lebten auf der ganzen Erde etwa so viele Menschen wie heute in New York.

Megacities, die größten Städte der Welt

Stadt: Einwohner
Tokyo: 37,7 Millionen
Mexiko-Stadt: 23,6 Millionen
New York: 23,3 Millionen
Seoul: 22,7 Millionen
Mumbai: 21,9 Millionen
São Paulo: 20,8 Millionen
Manila: 20,7 Millionen
Jakarta: 19,2 Millionen
Delhi: 18,9 Millionen
Shanghai: 18,6 Millionen

Ende des 19. Jahrhunderts erreichte London als erste Stadt die Fünf-Millionen-Marke.

Burj Khalifa, das höchste Gebäude der Welt, steht in den Vereinigten Arabischen Emiraten. Erdöl hat diesen Staat reich gemacht.

Die Menschheit hat erst in den letzten paar Tausend Jahren der Erdgeschichte angefangen, sich bemerkbar zu machen und wuchs nur sehr langsam. In unserer Zeit allerdings wächst die Weltbevölkerung ungemein schnell. Um 1800 lebten erstmals mehr als eine Milliarde Menschen auf der Erde. Die zweite Milliarde war um 1930 erreicht, die dritte um 1960, die vierte 1975, die sechste 1999, die siebte 2011. Etwa 80 Millionen Menschen, so viel wie Deutschland Einwohner hat, kommen zurzeit pro Jahr hinzu.

Schon in früheren Zeiten gab es bedeutende Städte wie etwa Athen oder Rom. Man schätzt, dass Rom um 300 nach Christus vielleicht rund 1,5 Millionen Einwohner hatte.

Die höchsten Gebäude der Welt

Name	Stadt	Höhe	Baujahr
Burj Khalifa	Dubai	828 m	2010
Shanghai Tower	Shanghai	632 m	2014
Makkah Clock Toyal Tower	Mekka	601 m	2012
One World Trade Center	New York City	541 m	2014
Tapei 101	Taipei	509 m	2004

In den weniger entwickelten Ländern strömen unzählige Menschen auf der Suche nach Arbeit, Wohlstand oder einem Dach über dem Kopf in die Städte. Am Rande der Städte bilden sich Armutsviertel.

Die Megastädte sind ein teures Pflaster. Für manchen ist in Tokyo nur die Übernachtung in so einem „Kapsel"-Hotel erschwinglich.

45

Faultiere hängen bewegungslos an Ästen. So werden sie von Feinden nicht gesehen.

Immer wieder neue Entdeckungen

Im Westen Brasiliens wurde in einem unberührten Stück Regenwald im Bundesstaat Mato Grosso eine neue Primatenart entdeckt, die zur Gattung der Springaffen gehört.

Im Tropischen Regenwald

So manches Mal möchtest du einfach ein „Faultier" sein. „Rumhängen", dich nicht bewegen und 20 Stunden schlafen! Solche Faultiere gibt es wirklich. Ihre Heimat ist der Tropische Regenwald.

Du fühlst dich wie in einem Treibhaus. Triefende Nässe von den Bäumen, ein dichtes Gewirr von Pflanzen, Schlingpflanzen, wunderbaren Orchideen. Du entdeckst unzählige Tierarten. Schlangen, giftige Frösche, Affen, Schmetterlinge, Papageien, Jaguare! Und alles bei brütender, feuchter Hitze. Viele Tiere und Pflanzen sind einmalig auf der Welt. Etwa 200 verschiedene Arten wachsen auf einer kleinen Fläche im Tropischen Regenwald, auf der in unseren Breiten nur bis zu zehn wachsen. Für Forscher gibt es dort noch viel zu entdecken.

»Orang-Utan« ist das indonesische Wor für »Waldmensch«. Diese Affen gehörer wie Gorillas und Schimpansen zu den Menschenaffen, auch Primaten genann In freier Natur gibt es sie nur noch auf c beiden Inseln Sumatra und Borneo, die Indonesien gehören.

? **Wo ist der tropische Regenwald verbreitet?**
Er liegt in den Tropen. Das sind Gebiete zu beiden Seiten des Äquators. Hier gibt es keine Jahreszeiten. Es regnet fast jeden Tag und es ist immer heiß. Du findest ihn auf allen Kontinenten außer in Europa und natürlich in der Antarktis.

Niemand weiß genau, wie viele Urvölker im tropischen Regenwald wohnen. Yanomami und Pygmäen gehören zu den bekanntesten.

Der Regenwald ist ursprünglich die Heimat von Einheimischen, die ihr Leben an die Natur angepasst haben. Im Regenwald gibt es noch Völker, die fast wie in den Anfängen der Menschheitsgeschichte leben. Sie sammeln Früchte, jagen und manche bearbeiten mit einfachsten Geräten den Boden. Sie bauen ihre Hütten mit dem Material, das die Natur bietet und stellen daraus einfache Werkzeuge und Gebrauchsgegenstände her. Sie kennen viele Pflanzen, die als Heilmittel gegen Krankheiten oder als Gift bei der Jagd dienen. Die Kinder lernen spielend, was sie einmal als Erwachsene zum Überleben brauchen werden.

Indianerdorf im Amazonas Regenwald entdeckt

Von einem Flugzeug aus entdeckten Forscher ein Indianerdorf, dessen Bewohner bisher keinen Kontakt zur Außenwelt hatten. Die Menschen schossen mit Pfeilen auf das Flugzeug, weil sie sich von dem fremden Objekt am Himmel bedroht fühlten. Im unüberschaubaren Amazonasgebiet soll es noch über 200 Indianerstämme geben. Einige von ihnen hatten noch keine Berührung mit der modernen Zivilisation.

Schatzkammer Regenwälder

Die Regenwälder liefern wertvolles Tropenholz für Möbel oder die Papierherstellung und Bodenschätze wie Gold, Kupfer, Eisenerz oder Bauxit. Aus Bauxit stellt man Aluminium her. Dieses Material macht dein Fahrrad so leicht. Kupfer braucht man für elektrische Leitungen. Auch legt man im Regenwald große Plantagen, zum Beispiel für Palmöl an. Daraus wird unter anderem Bio-Treibstoff hergestellt. Dafür müssen große Flächen des Regenwaldes gerodet werden. Plantagen sind große landwirtschaftliche Betriebe vor allem in den Tropen, auf denen man nur ein Produkt anbaut. Auf riesigen Flächen pflanzt man auch Kakao oder Kaffee an. In unseren Supermärkten findest du all diese Produkte.

Im Tropischen Regenwald wachsen Urwaldriesen. Brettwurzeln geben dem Baum Standhaftigkeit.

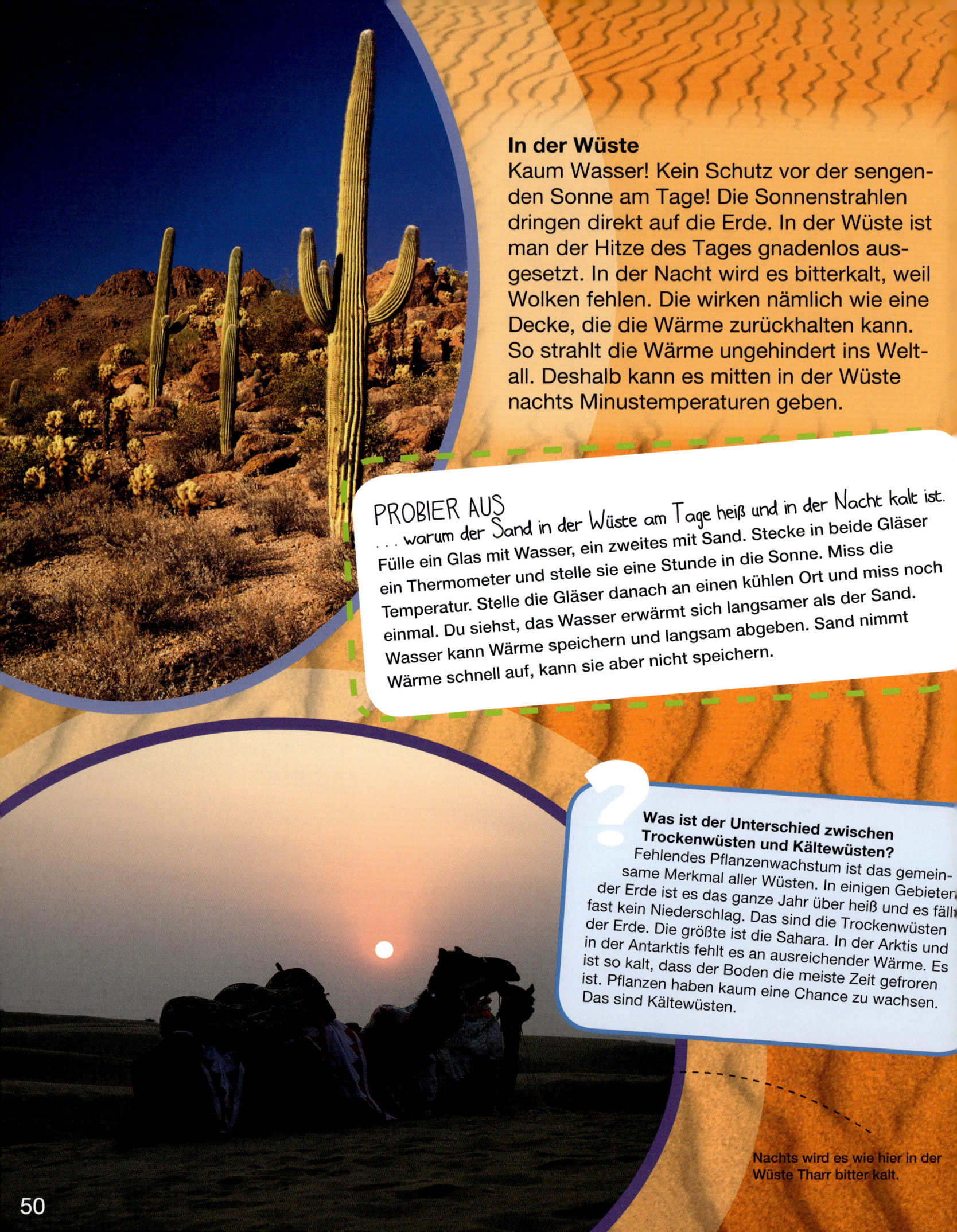

In der Wüste

Kaum Wasser! Kein Schutz vor der sengenden Sonne am Tage! Die Sonnenstrahlen dringen direkt auf die Erde. In der Wüste ist man der Hitze des Tages gnadenlos ausgesetzt. In der Nacht wird es bitterkalt, weil Wolken fehlen. Die wirken nämlich wie eine Decke, die die Wärme zurückhalten kann. So strahlt die Wärme ungehindert ins Weltall. Deshalb kann es mitten in der Wüste nachts Minustemperaturen geben.

PROBIER AUS

. . . warum der Sand in der Wüste am Tage heiß und in der Nacht kalt ist.
Fülle ein Glas mit Wasser, ein zweites mit Sand. Stecke in beide Gläser ein Thermometer und stelle sie eine Stunde in die Sonne. Miss die Temperatur. Stelle die Gläser danach an einen kühlen Ort und miss noch einmal. Du siehst, das Wasser erwärmt sich langsamer als der Sand. Wasser kann Wärme speichern und langsam abgeben. Sand nimmt Wärme schnell auf, kann sie aber nicht speichern.

? Was ist der Unterschied zwischen Trockenwüsten und Kältewüsten?

Fehlendes Pflanzenwachstum ist das gemeinsame Merkmal aller Wüsten. In einigen Gebieten der Erde ist es das ganze Jahr über heiß und es fällt fast kein Niederschlag. Das sind die Trockenwüsten der Erde. Die größte ist die Sahara. In der Arktis und in der Antarktis fehlt es an ausreichender Wärme. Es ist so kalt, dass der Boden die meiste Zeit gefroren ist. Pflanzen haben kaum eine Chance zu wachsen. Das sind Kältewüsten.

Nachts wird es wie hier in der Wüste Tharr bitter kalt.

Große Wüsten der Erde

Afrika	Asien	Australien	Nordamerika	Südamerika
Sahara	Gobi	Große Sandwüste	Mojawe	Atacama
Kalahari	Rub al Chali	Gibson	Sonora	Puna
Namib	Takla Makan	Victoriawüste	Chihuahua	

— Dromedar

In der Oase

In den Oasen tritt Grundwasser an die Oberfläche oder die Menschen fördern es aus Brunnen. Das kostbare Wasser gelangt über ausgeklügelte Kanalsysteme an die Pflanzen. Jeder Wassertropfen ist kostbar. Die Dattelpalme hat sich ideal an das mörderische Klima angepasst. Man kann fast alles verwerten. Reife Früchte isst man frisch oder getrocknet, stellt Dattelmehl, Dattelbrot, Dattelsirup daraus her. Geröstete Dattelkerne liefern „Kaffee". Aus dem Öl der Samen wird Speiseöl, die Blätter nimmt man für Flechtarbeiten und zur Dachabdeckung, die Stämme dienen als Bauholz. Aus dem Bast macht man Seile, Kissen oder Matratzenfüllungen.

Überlebenskünstler Kamel und Dromedar

Kamele haben zwei Höcker, Dromedare einen. Sie können bis zu drei Wochen in der Wüste unterwegs sein, ohne zu trinken, dann saufen sie aber auf einmal etwa 150 Liter, so viel wie neun Wasserkästen! Kamele und Dromedare verbrauchen viel weniger Wasser als andere Lebewesen. Denn mit ihrer besonderen Nase atmen sie fast keine Feuchtigkeit aus.

Die Wüste ist lebensfeindlich. Dennoch haben Menschen, Tiere und Pflanzen Tricks gefunden, um zu überleben. Nur wenige Menschen leben in der Wüste. Oasen sind die „Lebensinseln". Nomaden ziehen von Wasserstelle zu Wasserstelle. Viele Nomaden sind heute sesshaft, arbeiten für Touristen oder auf den Erdölfeldern. Denn in den Wüstengebieten lagern riesige Erdölvorräte.

Drei Gesichter der Wüste

Nur etwa 20 Prozent der Trockenwüsten sind Sandwüste, 70 Prozent sind Felswüste und weitere zehn Prozent Kieswüste. Das sind riesige, tischebene Flächen, die mit Geröll bedeckt sind. Für Autos eine echte Ruckelpiste!

Felswüste in der Sahara - - -

Menschen in der Arktis

Die Ureinwohner, die Inuit, lebten früher nur von der Jagd auf Robben und Wale. Die Tiere lieferten den Menschen alles, was sie zum Überleben brauchten. Heute haben die Nationen, die Anteil an der Arktis haben, sehr großes Interesse an den Bodenschätzen. Sogar unter dem Nordpol lagern reiche Bodenschätze. Man vermutet ungeheure Erdöl- und Erdgasvorräte unter dem Meeresboden.

Wo die Kälte regiert

Nun wird es noch mal kalt! Hoffentlich hast du genug warme Kleidung für deine Weltreise mitgenommen.

Die Arktis umfasst das mehr oder weniger zugefrorene Nordpolarmeer und Teile der angrenzenden Kontinente Europa, Asien und Nordamerika. Die Arktis ist kein eigener Kontinent. Aus diesen kalten Gebieten stammt der berühmteste Eisberg der Welt. Das ist der, der das Luxusschiff Titanic 1912 auf seinem Weg von Southampton nach New York zum Sinken brachte. Meeresströme transportieren nämlich Eisberge weit nach Süden. Eisberge brechen von Gletschern ab und treiben im Meer. Der größte Teil ist unsichtbar und schwimmt unter Wasser. Das macht Eisberge so gefährlich.

PROBIER AUS
...warum Eisberge schwimmen

Fülle kleine Luftballons mit Wasser und lege sie gut verknotet in die Kühltruhe. Entferne die Luftballonhülle vom „Eisball". Lass ihn in einem großen Gefäß schwimmen. Was passiert? Die „Eisberge" schwimmen, der größte Teil liegt unterhalb der Wasseroberfläche. Gefrorenes Wasser ist leichter als flüssiges. Deshalb schwimmen Eisberge.

Forscher in der Antarktis

Er ist der einzige Kontinent, auf dem dauerhaft keine Menschen leben. Du findest hier nur Forschungsstationen wie das Alfred Wegener Institut für Polar- und Meeresforschung. Die Menschen, die dort im kurzen arktischen Sommer arbeiten, forschen über Klima, Tiere, Pflanzen oder machen Untersuchungen zum Eis. Bohrungen ins Eis geben Auskunft über Jahrtausende lang eingeschlossene Pflanzenpollen. Nur wenige Forscher bleiben im antarktischen Winter. Kontakt zur Außenwelt gibt es im langen antarktischen Winter nur über Funk, man ist völlig abgeschlossen von der Außenwelt. Ein Versorgungsschiff könnte im eisigen Winter nicht mal eben vorbeikommen. Die Station hat auch eine Krankenstation und eine Sauna.

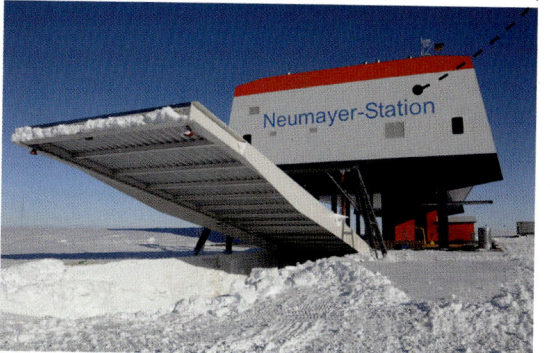

Die Station Neumayer III sieht in der Eiswüste aus wie ein riesiges Raumschiff. Sie wurde 2009 in Betrieb genommen. Sie steht auf Stelzen, die man in der Höhe verstellen kann.

Pinguine leben auf der Südhalbkugel, viele Arten in der Antarktis.

Die Antarktis, der eisige Kontinent um den Südpol, erwartet dich. Die Antarktis hat im Winter eine Eisfläche, die 50-mal größer ist als Deutschland. Ein richtiger Eispanzer, das Inlandeis, bedeckt die Landschaft fast vollständig. Die Tiere in den Randbereichen des Kontinents sind wahre Überlebenskünstler. Das ist wichtig, denn der Kälterekord in der Antarktis liegt bei fast - 90 °C.

Wie überleben Pinguine in der Kälte?

Pinguine haben eine dicke Fettschicht, die warm hält. Das geniale Federkleid ist extrem dicht und wirkt wie Thermo-Unterwäsche. Ihr „Frack" ist zudem für das Leben im Wasser praktisch: Der dunkle Rücken schützt vor feindlichen Blicken von oben und der weiße Bauch gibt Tarnung für Blicke von unten. Pinguine verlassen das Wasser nur zum Brüten. Auf dem Land haben Pinguine kaum Feinde, deshalb bildeten sich die Flügel zurück. Das ist hervorragend fürs Tauchen. Je tiefer ein Vogel hinabtauchen kann, desto weniger Nahrungskonkurrenten gibt es für ihn. Der gedrungene Körperbau und schwere Knochen machen das möglich.

Bedrohliches und Buntes am Himmel

Wind und Wirbelstürme

Wind – was ist das eigentlich, man sieht ihn nicht und dennoch hat er oft ganz schön Kraft. Frühere Menschen glaubten, dass die Erde einatmet und ausatmet, wenn es windig ist. Wir wissen, dass Wind einfach bewegte Luft ist. Luft kann man nicht sehen. Denk dir im Experiment statt Luft einfach Wasser. Dann siehst du, wie Wind entsteht.

Wind kann ganz schön nützlich für die Menschen sein. Erste Windräder gebrauchte man vermutlich um 1700 vor Christus, um Felder zu bewässern, später zum Mahlen von Korn. Daher kommt der Name Windmühle. Sportarten wie Surfen, Segelfliegen wären ohne Wind nicht möglich. Noch größere Bedeutung hat der Wind allerdings für die Stromerzeugung. Die großen Windkrafträder, die man dafür braucht, hast du sicher schon gesehen.

PROBIER AUS
... wie Wind entsteht

Fülle in ein kleineres Glas Tinte und warmes Wasser. Verschließe das Glas mit Frischhaltefolie und Klebeband. Stelle das kleine Glas in ein größeres und fülle dieses randvoll mit kaltem Wasser. Stich mit einem Küchenmesser einen kleinen Spalt in die Folie des kleineren Glases. Sofort steigt das warme Tintenwasser nach oben. Es schwimmt über dem kalten, klaren Wasser des großen Glases. Nach einer Weile sinkt das Tintenwasser nach unten. Genauso musst du dir das mit warmer Luft vorstellen. Sie steigt auf, kühlt sich ab und sinkt nach unten. Wenn warme und kalte Luft sich austauschen, spürst du das als Wind.

Sir Francis Beaufort entwickelte im Jahr 1806 eine Windskala, die Beaufortskala. Mit ihrer Hilfe kannst du in der Natur selbst die Windstärke bestimmen.

Ein Windrad, mit dessen Hilfe man Wasser fördern kann

Auf dem Foto aus dem Weltraum erkennt man deutlich das friedliche Auge des Hurrikans.

Leider ist Wind nicht immer harmlos und nützlich für die Menschen. Wirbelstürme wie Hurrikans oder Tornados bringen Tod und Zerstörung. Hurrikans gehören zur Familie der tropischen Wirbelstürme. Sie haben als typisches Merkmal ein friedliches Auge in der Mitte. Hier herrscht Stille und der Himmel strahlt herrlich blau! Aber der Frieden täuscht. Das ist nur eine windstille Zone von 15 bis 30 Kilometer Durchmesser. Um dieses Auge herum gruppieren sich spiralförmige Wolkengebilde mit einem Durchmesser von ungefähr 500 Kilometer und Windgeschwindigkeiten von mindestens 120 km/h. Spitzengeschwindigkeiten bis zu 300 km/h sind möglich. Der Wirbelsturm bewegt sich mit 15 bis 30 km/h. Er hinterlässt auf seinem Weg ein Bild des Grauens. Er stapelt Schiffe wie Spielzeugschiffchen in den Häfen übereinander, wirbelt Autos und Gegenstände durch die Luft, lässt Häuser zusammenbrechen und Leitungen zerbersten.

? Wo bilden sich Hurrikans?
Tropische Wirbelstürme bilden sich nur beidseits des Äquators über riesigen, über 27 °C warmen Wasserflächen. In Amerika heißen sie Hurrikan, in Asien Taifun, in Indien Zyklone, in Australien Willy Willy.

„Hurricane Hunterers" im Einsatz
Mithilfe von Satelliten kann man einen Hurrikan in seinen Anfängen an der Form der Wolken erkennen. Das ist die Stunde der Hurricane-Jäger. Diese „Hurricane Hunters" der US Air Force fliegen mit ihren Spezialflugzeugen mitten hinein in die Hölle, bis ins Auge des Hurrikans. Ein lebensgefährlicher Job! Durch diese waghalsigen Flüge bekommen Meteorologen Informationen über Stärke, Geschwindigkeit und vor allem die Zugrichtung der tropischen Wirbelstürme. So kann man die Menschen warnen. Die schrecklichen tropischen Wirbelstürme bekommen abwechselnd weibliche und männliche Vornamen. Der erste Sturm im Jahr beginnt mit A, weiter geht es mit B.

Das sogenannte „Hurricane-Hunter-Plane", eine Herkules WC 130 der amerikanischen Air Force für die Hurrikan-Forschung

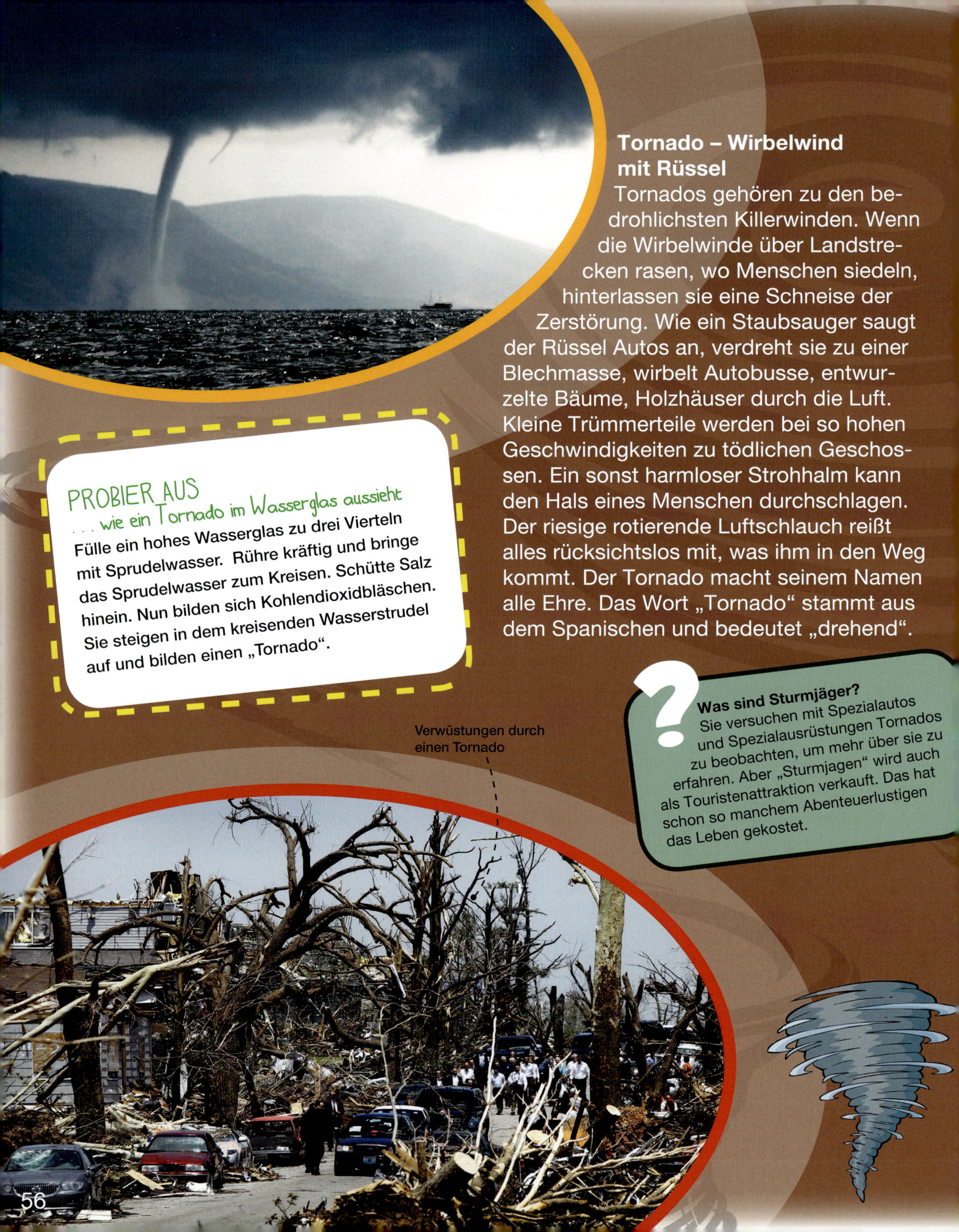

Tornado – Wirbelwind mit Rüssel

Tornados gehören zu den bedrohlichsten Killerwinden. Wenn die Wirbelwinde über Landstrecken rasen, wo Menschen siedeln, hinterlassen sie eine Schneise der Zerstörung. Wie ein Staubsauger saugt der Rüssel Autos an, verdreht sie zu einer Blechmasse, wirbelt Autobusse, entwurzelte Bäume, Holzhäuser durch die Luft. Kleine Trümmerteile werden bei so hohen Geschwindigkeiten zu tödlichen Geschossen. Ein sonst harmloser Strohhalm kann den Hals eines Menschen durchschlagen. Der riesige rotierende Luftschlauch reißt alles rücksichtslos mit, was ihm in den Weg kommt. Der Tornado macht seinem Namen alle Ehre. Das Wort „Tornado" stammt aus dem Spanischen und bedeutet „drehend".

PROBIER AUS
... wie ein Tornado im Wasserglas aussieht

Fülle ein hohes Wasserglas zu drei Vierteln mit Sprudelwasser. Rühre kräftig und bringe das Sprudelwasser zum Kreisen. Schütte Salz hinein. Nun bilden sich Kohlendioxidbläschen. Sie steigen in dem kreisenden Wasserstrudel auf und bilden einen „Tornado".

Verwüstungen durch einen Tornado

? Was sind Sturmjäger?
Sie versuchen mit Spezialautos und Spezialausrüstungen Tornados zu beobachten, um mehr über sie zu erfahren. Aber „Sturmjagen" wird auch als Touristenattraktion verkauft. Das hat schon so manchem Abenteuerlustigen das Leben gekostet.

Entstehung eines Tornados

Mit einem ungewöhnlich schweren Gewitter fängt er an. Eine sogenannte Superzelle bildet sich. Das ist ein Gewittergebilde von heftigster Stärke und langer Dauer. In ihrem Inneren wirken gewaltige Kräfte. Hier toben Aufwinde, die sich auch noch drehen. Die riesigen Kräfte im Wolkeninneren suchen einen Ausgleich. Unterhalb der Superzelle erscheint ein Rüssel. Er wächst nach unten, bis er den Boden erreicht. Das ist der „Touchdown", die Bodenberührung. Ohrenbetäubendes „Gebrüll" begleitet das Geschehen. Erst wenn der Rüssel den Boden erreicht hat, spricht man von einem Tornado.

Die Stärke der Tornados ist schwer messbar, weil sie selten eine Messstation treffen. Man beurteilt ihre Stärke deshalb nach den Schäden, die sie anrichten. Der Meteorologe Tetsuya Theodore Fujita entwickelte 1971 eine Skala, die nach ihm Fujita-Skala benannt wurde. Tornados werden danach in Stufen von F0 bis F12 eingeteilt. Tornados gibt es auch in Deutschland. Man nennt sie bei uns auch Windhose oder Trombe. Wandert der Luftschlauch über Wasser, saugt er es hoch und wird zur Wasserhose. Die hat geringere Windgeschwindigkeiten als der normale Tornado. Denn das Wasser hat Gewicht und bremst.

? Wo liegt die Allee der Tornados?

Die meisten Tornados fegen durch die USA. Sie häufen sich in einem Bereich im Mittleren Westen der USA. Deshalb spricht man hier von der Allee der Tornados. In Amerika nennt man sie auch „Twister". Die meisten Tornados gibt es von März bis Mai. In dieser Zeit finden Supergewitter die besten Entstehungsbedingungen. Dann fließt von Süden vom Golf von Mexiko feuchtwarme tropische Luft nach Norden und stößt auf trockene kalte Luft aus dem Norden. Durch die großen Temperatur- und Feuchtigkeitsunterschiede bilden sich gewaltige Verwirbelungen. So kann ein Tornado entstehen.

Feuerwerk am Himmel – Gewitter und Regenbogen

Auch am Himmel bietet unser Planet Erde Außergewöhnliches. Gewitter mit Donner und heftigen Blitzen haben dem Menschen in früheren Zeiten viel Furcht eingejagt. Wenn es so richtig krachte, schlug Donar, der Donnergott, mit seinem Hammer zu. Das dachten die alten Germanen und daher kommt der Name Donner. Wir wissen es besser!

? Wie schütze ich mich bei Gewitter?

Gummistiefel isolieren dich zur Erde hin. Meide große freie Felder, Wiesen, Plätze, einzeln stehende Bäume, Aussichtstürme, Metallzäune, frei stehende Masten, Seen oder Schwimmbecken.

PROBIER AUS
... wie Donner und Blitz entstehen

Blase einen Luftballon auf. Reibe ihn kräftig an einem Stoffteil aus Kunststoff. Halte den Ballon an eine Wand. Durch die Reibung hast du ihn elektrisch aufgeladen – er bleibt an der Wand hängen. Hältst du den Ballon über deine Haare, stehen sie zu Berge. Das Knistern, das du beim Reiben des Ballons hörst, entspricht dem Donner. Das Knistern entsteht, weil winzige elektrische Funken überspringen.

Gewitter

Bei feuchtwarmem Wetter kommt es häufig zu Gewittern. Wenn die warme, feuchte Luft schnell nach oben steigt, kühlt sie sich ab und es bilden sich düstere Gewitterwolken. Weit oben in der Höhe wird es eiskalt, die feinen Wassertröpfchen gefrieren. Die Eisstücke wirbeln durcheinander, eine starke Spannung baut sich auf! Die entlädt sich dann in Blitzen. Dabei entsteht ein lauter Knall, der Donner. Blitz und Donner erfolgen zur selben Zeit. Je länger der zeitliche Abstand zwischen einem Blitz und seinem Donner, desto weiter ist das Gewitter entfernt.

Frei stehender Baum: Achtung, Gefahr bei Gewitter!

? Wie entsteht ein Regenbogen?

Wenn ein weißer Sonnenstrahl auf einen Regentropfen fällt, wird der Strahl im Tropfen gebrochen und reflektiert. Dabei wird er in die Spektralfarben zerlegt. Das sind die berühmten Regenbogenfarben. Das gesamte Farbenband nennt man Spektrum. Jede einzelne der sechs Regenbogenfarben ist eine sogenannte Spektralfarbe. Der Regenbogen verrät uns, dass das weiße Licht in Wirklichkeit aus sechs Farben besteht. Man kann den Regenbogen aber nur sehen, wenn man die scheinende Sonne im Rücken und den abziehenden Regenschauer vor sich hat.

Der Himmel ist gerissen! Das sieht nicht gut aus. Deshalb flickt eine Göttin diesen Riss mit edlen, bunten Steinen. So einfach erklärt eine chinesische Sage die Entstehung eines Regenbogens.

In Irland sagt man: Siehst du einen Regenbogen am Himmel, lauf schnell an seinen unteren Fuß. Dort haben geheimnisvolle Kobolde Unmengen von Gold in einem Topf vergraben. Ehe du wirklich zu graben beginnst, suche wie ein Forscher nach den Ursachen dieses Farbenspiels. Sir Isaac Newton (1642– 1726) fand eine Erklärung für die Naturerscheinung. Er zerlegte weißes Sonnenlicht mit einem Glasprisma in seine Spektralfarben Violett, Blau, Grün, Gelb, Orange und Rot. Seitdem wissen wir, dass weißes Licht eine Mischung aus sechs Einzelfarben ist. Violettes Licht wird im Prisma am stärksten gebrochen, rotes am schwächsten. Dazwischen gibt es viele Abstufungen.

Sir Isaac Newton (1642–1726)

PROBIER AUS
... wie man einen Regenbogen zaubert

Fülle einen tiefen Teller mit Wasser. Stelle ihn so auf, dass Sonnenstrahlen ihn direkt bescheinen. Tauche einen Spiegel am Tellerrand schräg in das Wasser. Versuche, die Regenbogenfarben mit einem Blatt Papier einzufangen. Die weißen Strahlen des Sonnenlichts werden im Wasser gebrochen und in die Farben des Regenbogens zerlegt.

Wenn das Eis am Nordpol schmilzt, verlieren die Eisbären ihren Lebensraum.

Der „gute" Treibhauseffekt

Unsere Erde funktioniert so ähnlich wie ein Treibhaus. Die Sonnenstrahlen fallen durch die Glasscheiben in das Gewächshaus und erwärmen den Boden und die Luft. Das Glas lässt kaum Strahlen wieder heraus. Statt der Glasscheiben hat die Erde eine etwa 100 Kilometer dicke, gasförmige Lufthülle, die Atmosphäre. Sie besteht vor allem aus Sauerstoff und Kohlendioxid CO_2. Diese Gasschicht hält wie die Glasscheiben einen Teil der Sonnenstrahlen auf und schickt sie wieder zur Erde zurück. Sonst würden sie in den Weltraum entweichen und die Erde wäre eine Eiskugel. So bekommt die Erde zusätzliche Wärme. Diese Erwärmung durch die CO_2-Schicht nennt man den natürlichen Treibhauseffekt.

Unsere Erde im Fieber

In der langen Erdgeschichte hat sich das Klima in Jahrmillionen immer wieder verändert. Forscher meinen, dass sich in Zukunft das Klima auf der Welt erwärmen könnte. Toll, meinst du vielleicht, dann kann ich öfter im T-Shirt herumlaufen und ins Freibad gehen. Doch das Ganze hätte vielleicht schlimme Auswirkungen. Die Eismassen in den Polargebieten könnten abschmelzen.

Das Hinterland an der Nordsee würde überflutet. In Ländern wie Kanada, wo die Winter kalt sind, dürfte es wärmer werden. Warme Regionen wie die Länder um das Mittelmeer könnten unter Dürre leiden. Länder wie zum Beispiel Äthiopien, die heute unter Dürre leiden, würden zur Wüste.

Naturkatastrophen wie Wirbelstürme, Überflutungen oder Dürren nähmen zu. Als Ursache ist oft vom Treibhauseffekt die Rede.

Das Inselparadies der Malediven würde untergehen, wenn der Meeresspiegel ansteigt.

PROBIER AUS
... wie ein Treibhaus wirkt

Lege zwei Thermometer an einen sonnigen Platz. Stülpe ein Glas über ein Thermometer. Lies nach 15 Minuten die Temperatur auf beiden Thermometern ab. Du wirst staunen, wie viel höher die Temperaturen im „Treibhaus" sind. Da können die Tomaten gut wachsen!

Treibhausinneres
mit Tomaten

Es gibt aber auch noch einen zusätzlichen Treibhauseffekt, den „bösen". Der ist für die Klimaerwärmung verantwortlich. Kohlendioxide und andere Gase nehmen nämlich in der Atmosphäre zu und halten immer mehr Wärme fest, die normalerweise in den Weltraum entweichen würde. Die zusätzlichen Gase „fangen" also immer mehr Wärme ein, helfen, die Erde aufzuheizen.

Und das ist die Ursache für die zusätzlichen Gase, die für unsere Erde schädlich sind: Wenn man etwas verbrennt, wird CO2 frei und gelangt in die Atmosphäre. Ab dem 18. Jahrhundert verbrannte man immer mehr Kohle, Holz und in neuerer Zeit Erdöl,

um die Maschinen anzutreiben. Fabriken, Eisenbahnen, Motorfahrzeuge, schnell wachsende Städte, private Haushalte – alle verbrennen. So gelangt zusätzlich viel CO2 in die Atmosphäre. Die Schutzschicht wird „dicker" und immer mehr Sonnenstrahlen werden auf die Erde zurückgeschickt. So wird die Erde aufgeheizt, bekommt „Fieber". Das nennt man den zusätzlichen Treibhauseffekt. Er ist schädlich für unsere Erde.

Über großen Städten hängt häufig eine Dunstglocke. Hier sammeln sich viele Schadstoffe an, die für den Menschen schädlich sind.

Schornsteine schicken
ihre Abgase in die Luft.

PROBIER AUS
... wie verschmutzt unsere Luft ist

Nummeriere sechs Pappkärtchen und ordne sie im Freien nebeneinander an. Lege auf jedes Kärtchen eine Ein-Cent-Münze. Entferne jeden Tag eine Münze. Beginne mit Kärtchen 1. Je nachdem, wo du wohnst, werden die Kärtchen jeden Tag ein wenig dunkler. Das ist Schmutz aus der Luft. Er erhöht den „bösen" Treibhauseffekt.

Impressum / Bildnachweis

Genehmigte Sonderausgabe für den Verlag an der ESTE GmbH, Westende 6, 21614 Buxtehude
© Helmut Lingen Verlag GmbH, Brügelmannstraße 3, 50679 Köln
Autorin: Anne Schminke
Titelbild: Thinkstock
Abbildungen: Anne Schminke: S. 22 m., 35 m., 40 r. u., 43 r. o., 50 l. u.,
Paul Wiethoff: S. 17 (Vulkangrafik); alle anderen Bilder: dpa Picture-Alliance GmbH; Thinkstock
Printed in EU.